KB245091

광명진언 사경

광명진언

옴 아모가 바이로차나 마하무드라
마니 파드마 즈바라 프라바를타야 훔

새벽숲

· 광명진언 사경과 영험

광명진언을 써보십시오. 눈으로 보고 입으로 외우고 손으로 쓰고 마음으로 새기는 광명진언의 사경은 크나큰 성취를 안겨줍니다.

특히 이 사경집은 광명진언을 1080번 쓸 수 있도록 엮었습니다.

이제 감히 1만 800번의 광명진언 사경을 권하옵니다. 하루 108번씩 100일동안 1만 800번의 사경을 행하며 부처님의 무한자비광명에 흠뻑 젖어보십시오. 그리고 수시로 광명진언을 외워 보십시오. 모든 업장이 녹아내리고 심중의 소원이 틀림없이 이루어지게 됩니다.

특히 다음과 같은 원의 성취를 바랄 때 광명진언 사경을 하십시오.

- 입시 등 각종 시험의 합격을 원할 때
- 병든 몸의 쾌유를 원할 때 · 각종 재앙
- 혼인 · 임신 · 순산 등을 기원할 때
- 가족의 불협화음을 없애고자 할 때
- 영가장애의 해결을 원할 때
- 사업의 번창을 바랄 때
- 시비 · 구설수 등을 소멸시키고자 할 때
- 개업 및 집 짓고 이사할 때
- 경제적인 어려움을 해결하고자 할 때
- 일가친척의 영가를 잘 천도하고 극락왕생을 바랄 때
- 부처님의 자비광명 속에서 대해탈을 이루고자 할 때

사경을 하면, 그 영험은 이루 다 말할 수 없을 정도입니다.

· 광명진언 사경의 순서

1. 먼저 삼배를 올리며, '부처님 감사합니다' 를 세 번 염한 다음 기본적인 축원부터 세 번 하여야 합니다.

   "시방세계에 충만하신 불보살님이시여, 세세생생 지은 죄업 모두 참회합니다.
   이제 광명진언을 사경하는 공덕을 선망조상과 일체중생의 행복을 위해 바칩니다.
   아울러 저희 가족 모두가 늘 건강하옵고 하는 일들이 다 순탄하여지이다."

   이렇게 기본적인 축원을 하고 꼭 성취되기를 바라는 소원들을 함께 축원하십시오. 이 경우, 그 소원들을 문장으로 만들어 이 사경집의 다음 페이지에 써놓고, 사경 전후 세 번씩 축원을 하면 좋습니다.

2. 축원을 한 다음 「개법장진언」 '옴 아라남 아라다' 를 세 번 염송하고, 이어 '나무 비로자나 대광명진언' 을 세 번 외운 다음 사경을 시작하시면 됩니다.

3. 1회 사경의 분량은 108번을 기준으로 삼되, 개인의 사정이나 소원의 경중(輕重)에 따라 증감하셔도 좋습니다.

4. 정성껏 사경을 한 다음 스스로가 만든 발원문을 다시 세 번 읽고 삼배를 드린 다음 끝을 맺습니다.

※ 〈광명진언의 의미와 기도법〉에 대한 자세한 내용은 효림출판사에서 발간한 **『광명진언 기도법』**을 참조하시기 바랍니다.

광명진언 사경 발원문

개법장진언 開法藏眞言

옴 아라남 아라다(3번)

나무 비로자나 대관정 광명진언(3번)

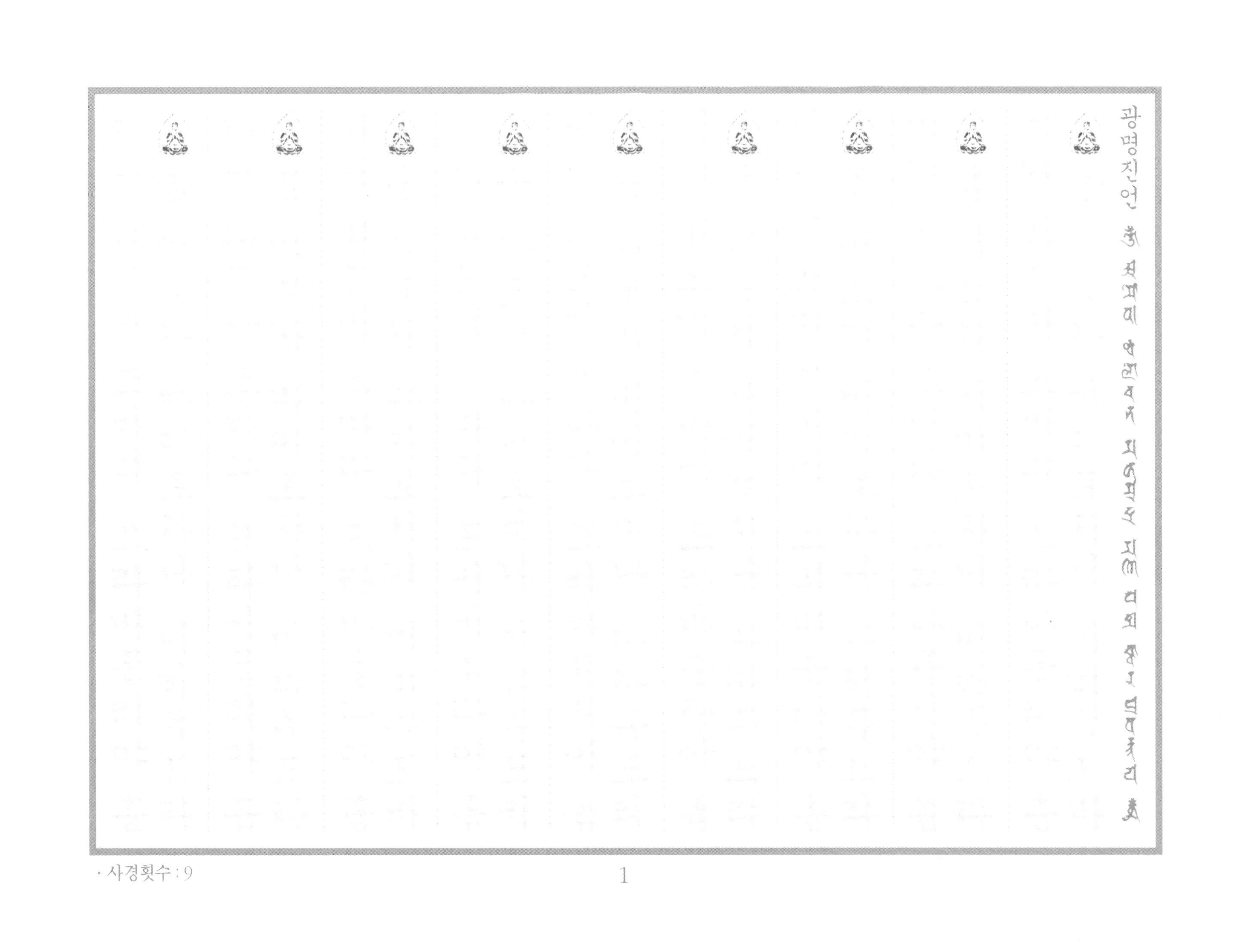

광명진언

· 사경횟수 : 9

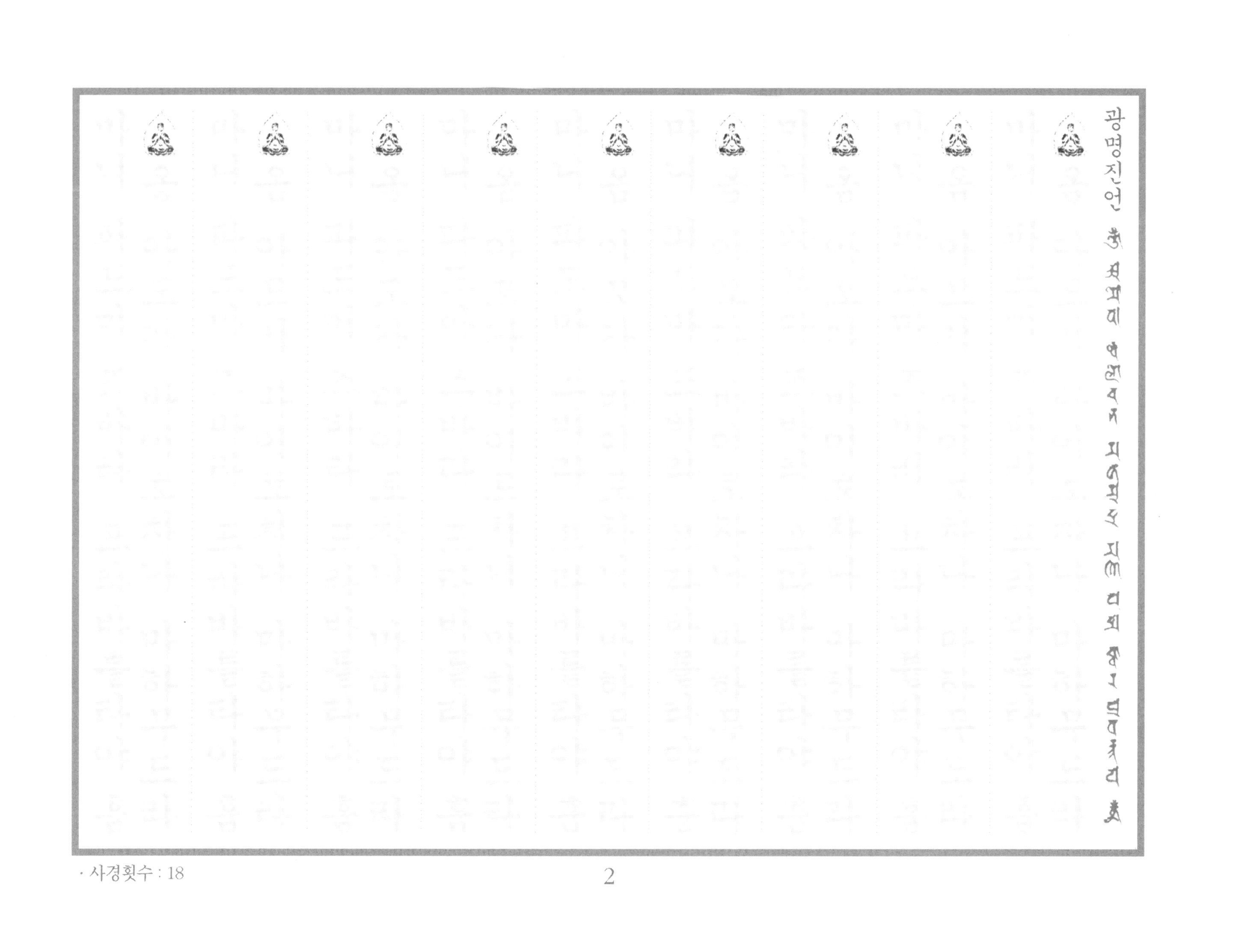

광명진언

광명진언

옴 아모가 바이로차나 마하무드라
마니 파드마 즈바라 프라바릍타야 훔

옴 아모가 바이로차나 마하무드라
마니 파드마 즈바라 프라바릍타야 훔

옴 아모가 바이로차나 마하무드라
마니 파드마 즈바라 프라바릍타야 훔

옴 아모가 바이로차나 마하무드라
마니 파드마 즈바라 프라바릍타야 훔

옴 아모가 바이로차나 마하무드라
마니 파드마 즈바라 프라바릍타야 훔

옴 아모가 바이로차나 마하무드라
마니 파드마 즈바라 프라바릍타야 훔

옴 아모가 바이로차나 마하무드라
마니 파드마 즈바라 프라바릍타야 훔

옴 아모가 바이로차나 마하무드라
마니 파드마 즈바라 프라바릍타야 훔

옴 아모가 바이로차나 마하무드라
마니 파드마 즈바라 프라바릍타야 훔

· 사경횟수 : 27

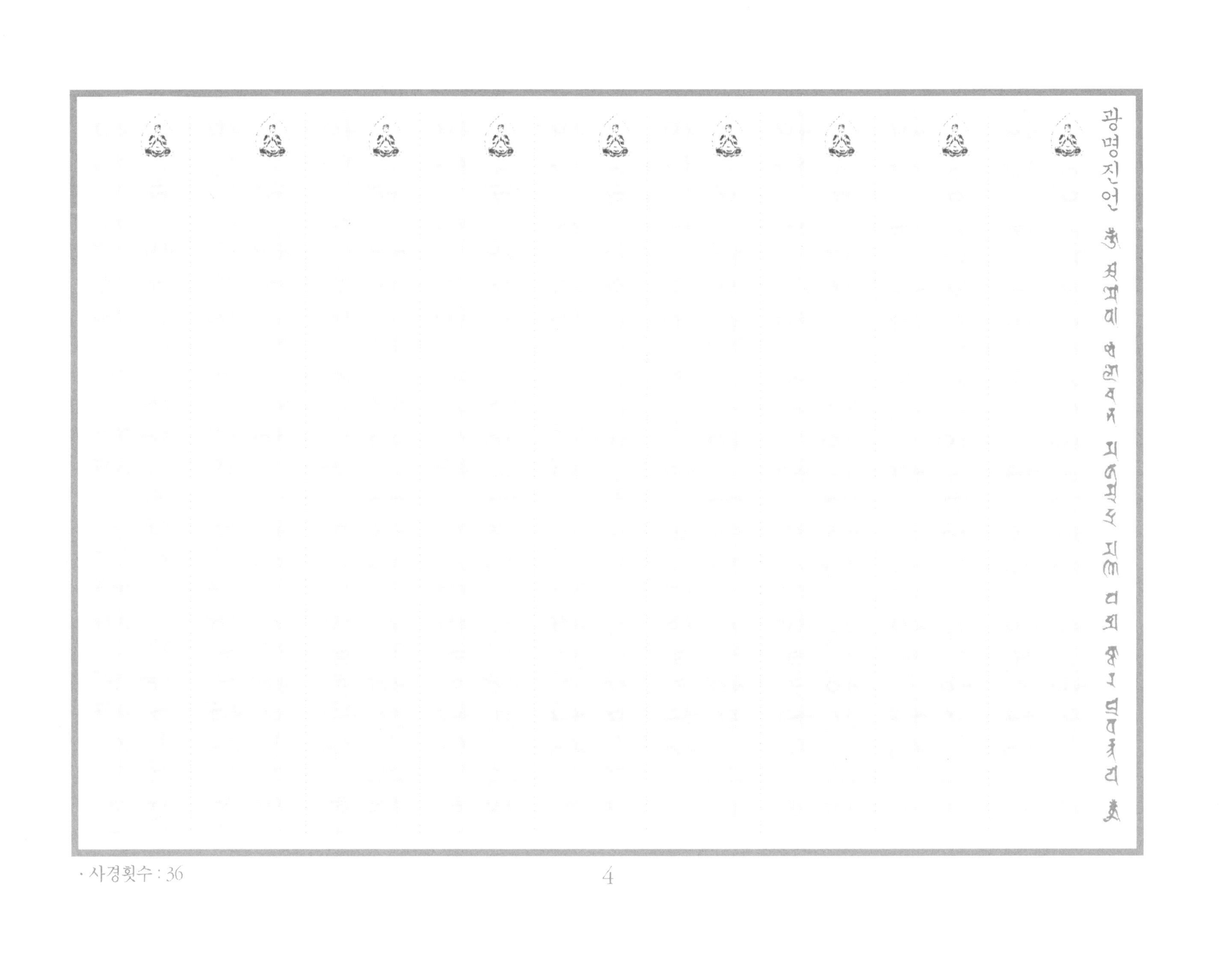

광명진언

· 사경횟수 : 36

광명신언

· 사경횟수 : 45

광명진언

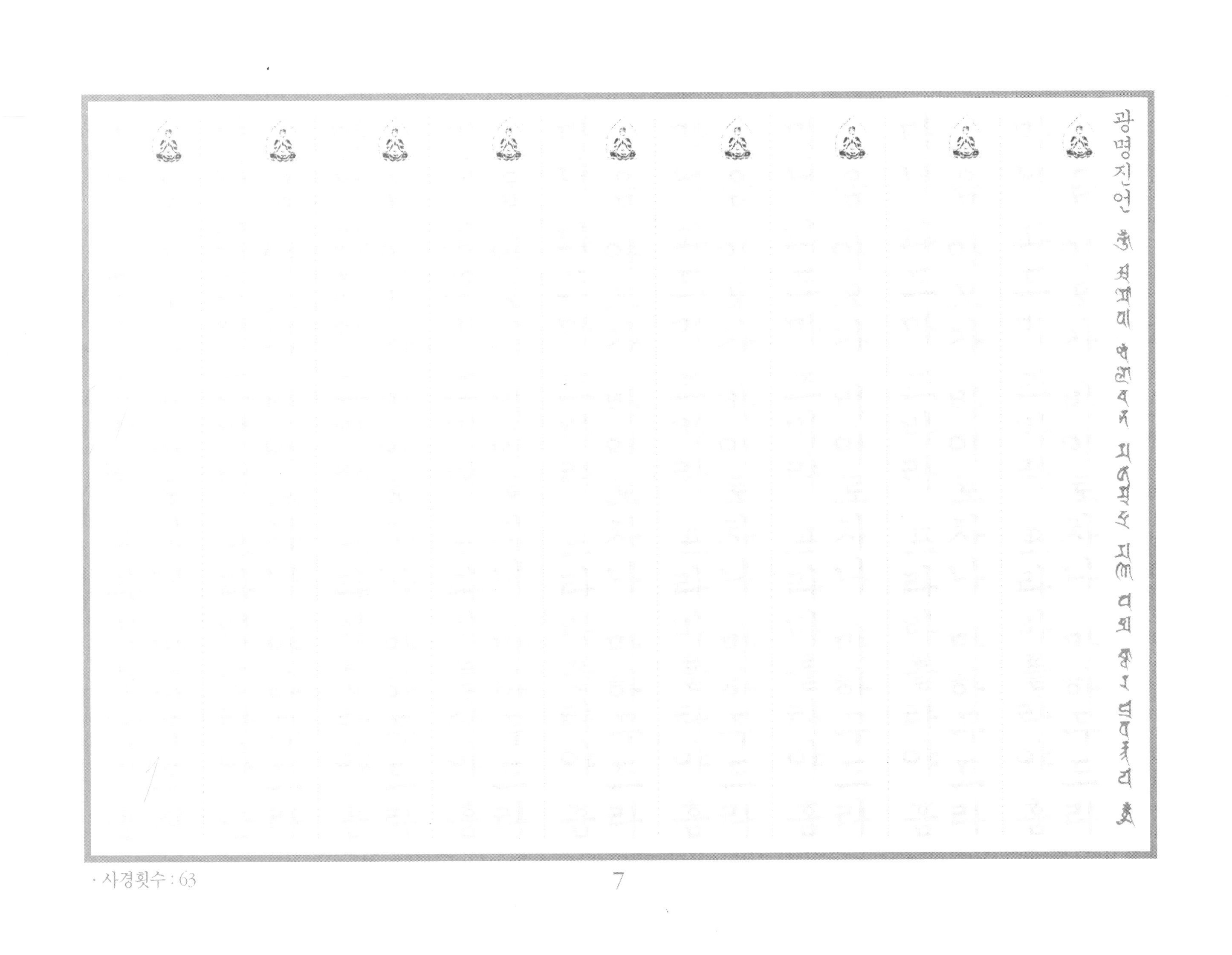

광명진언

광명진언

· 사경횟수 : 72

광명진언

광명진언

광명진언

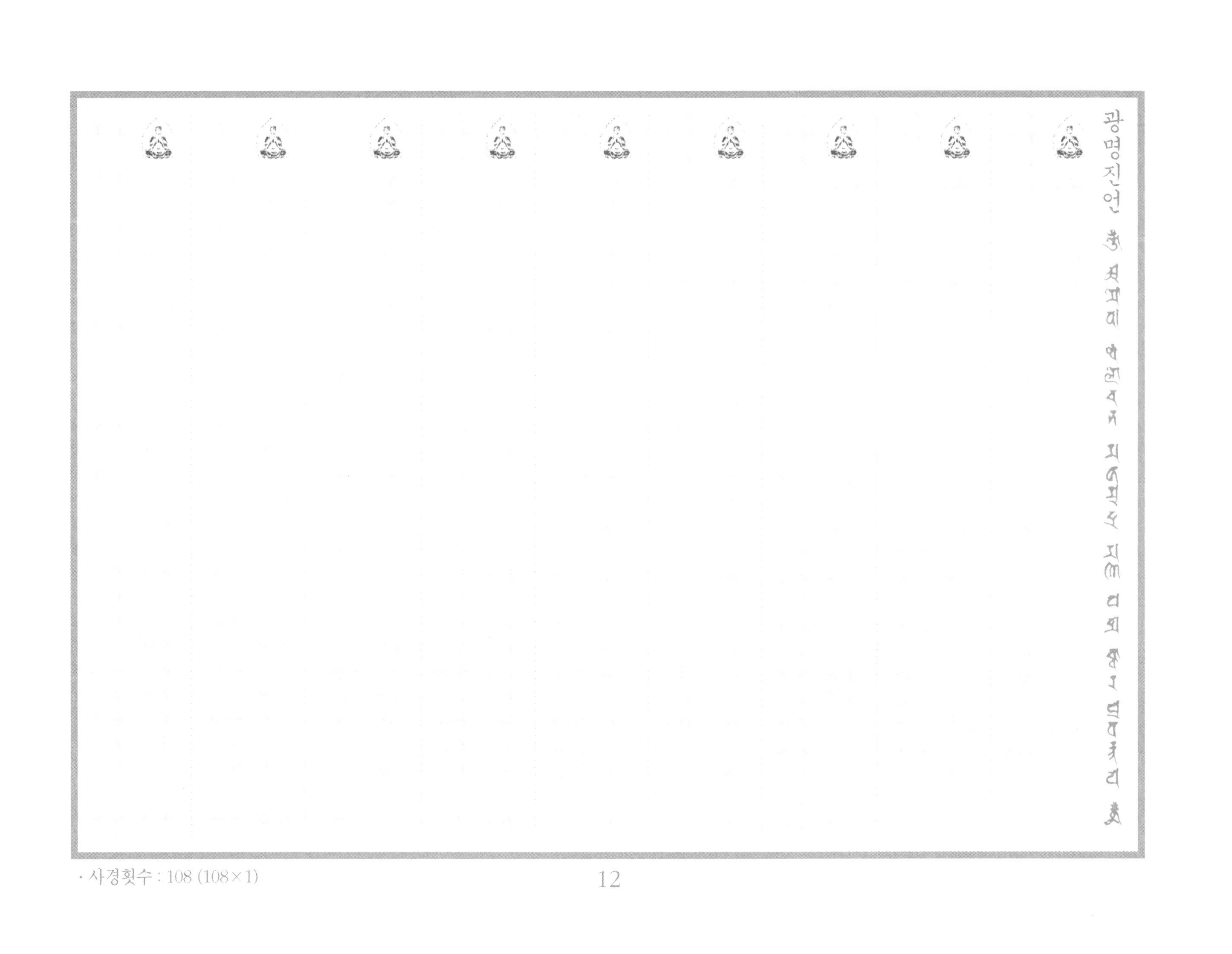

광명진언

· 사경횟수 : 108 (108×1)

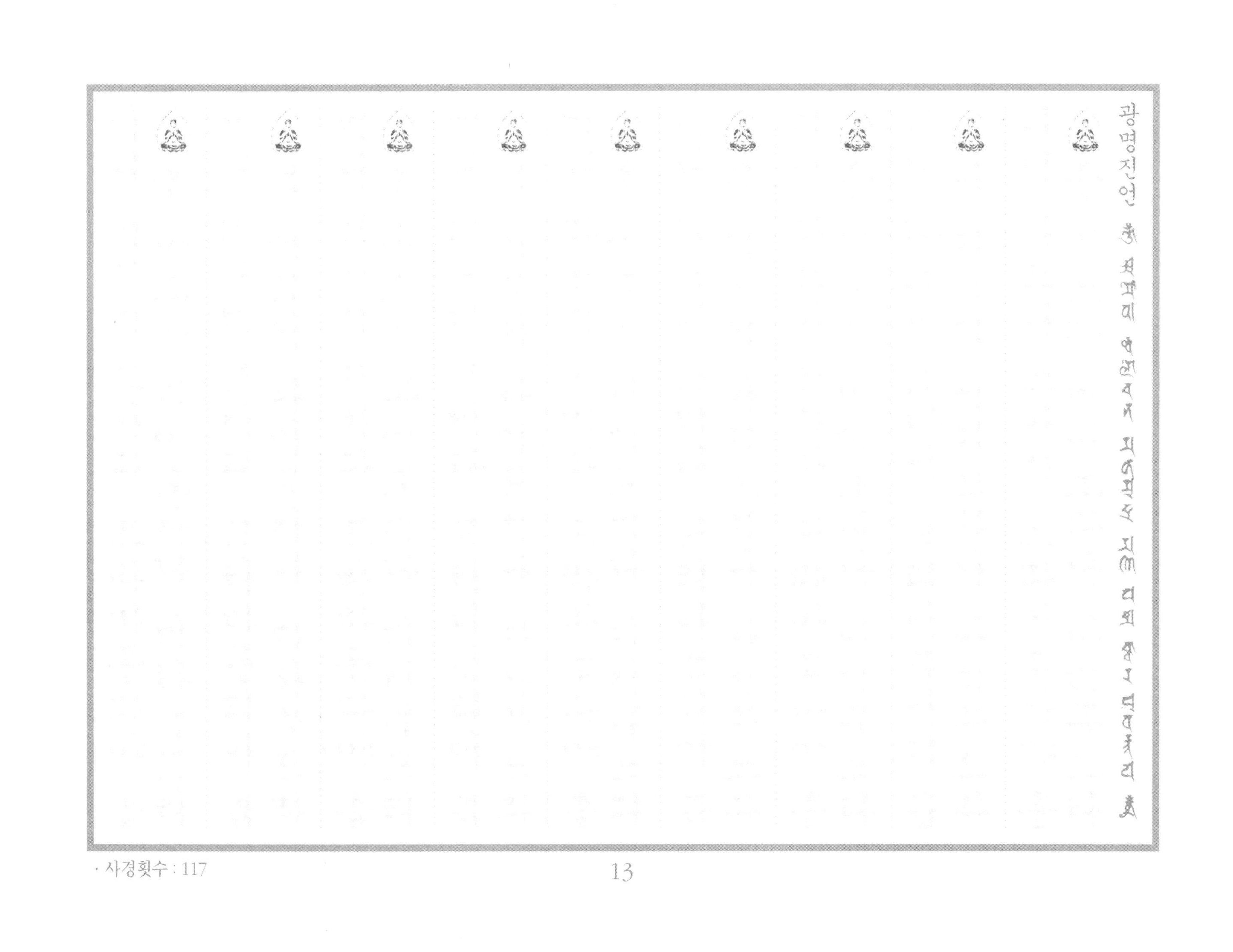

광명진언

광명진언

· 사경횟수 : 126

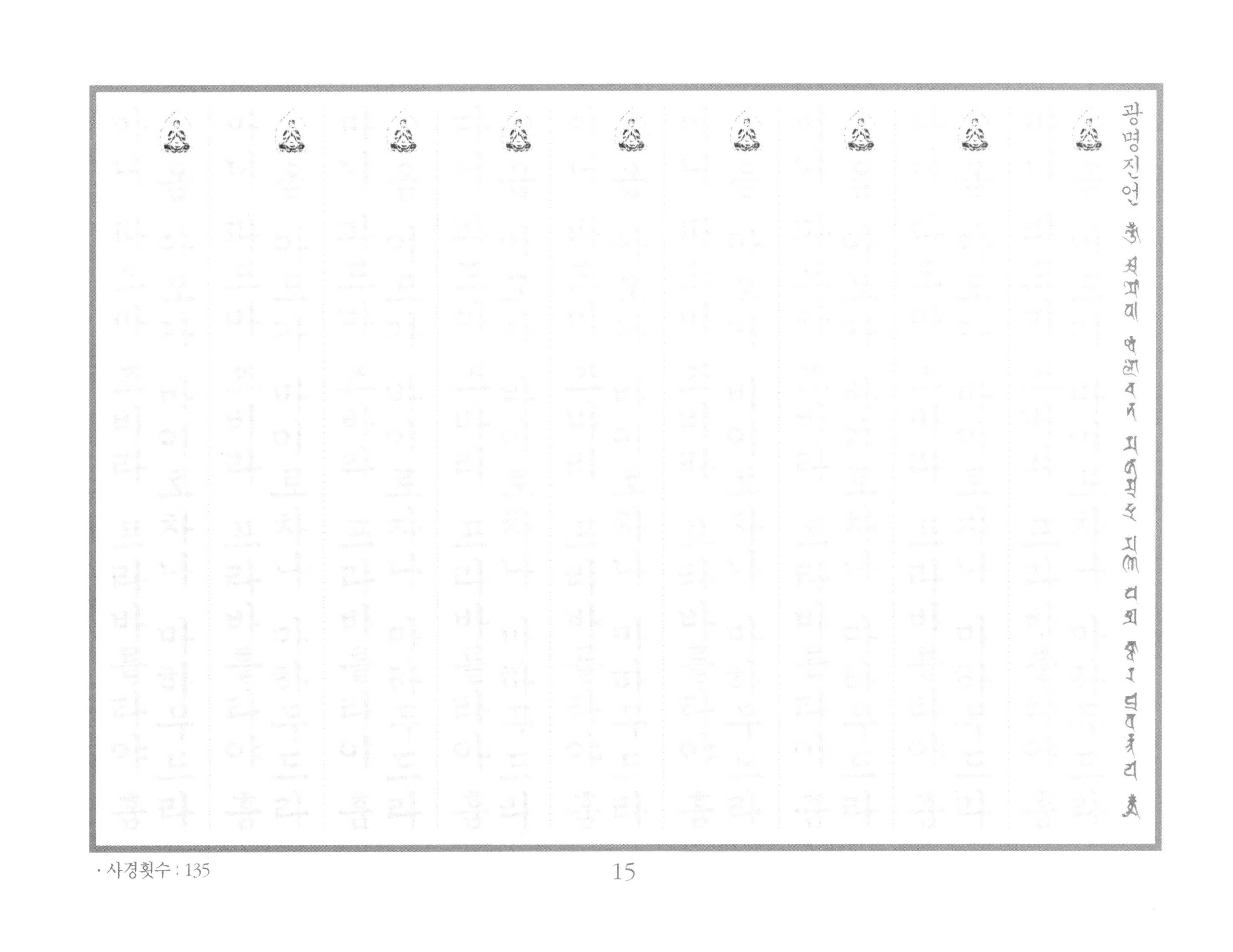

광명진언

· 사경횟수 : 135

광명진언

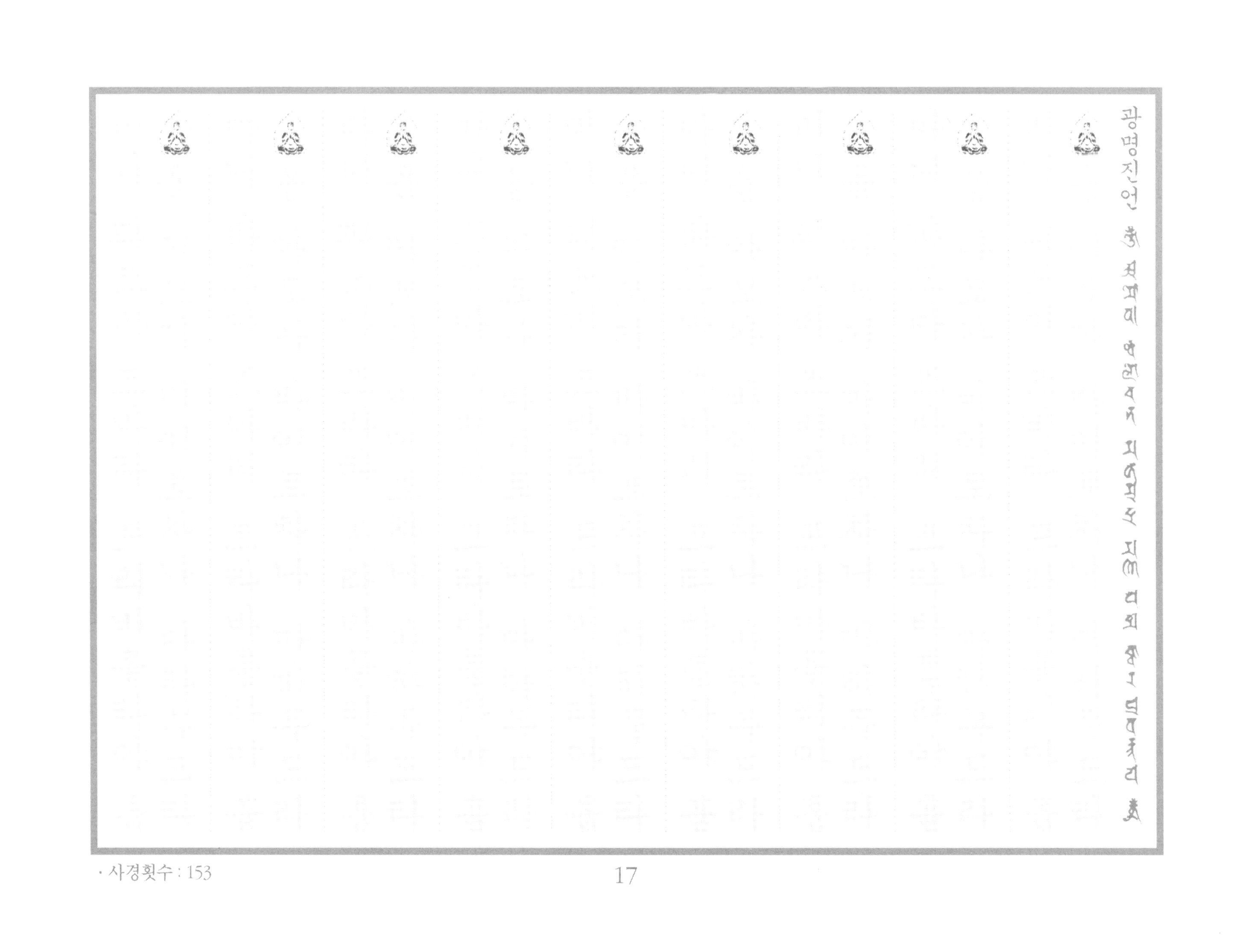

광명진언

· 사경횟수 : 153

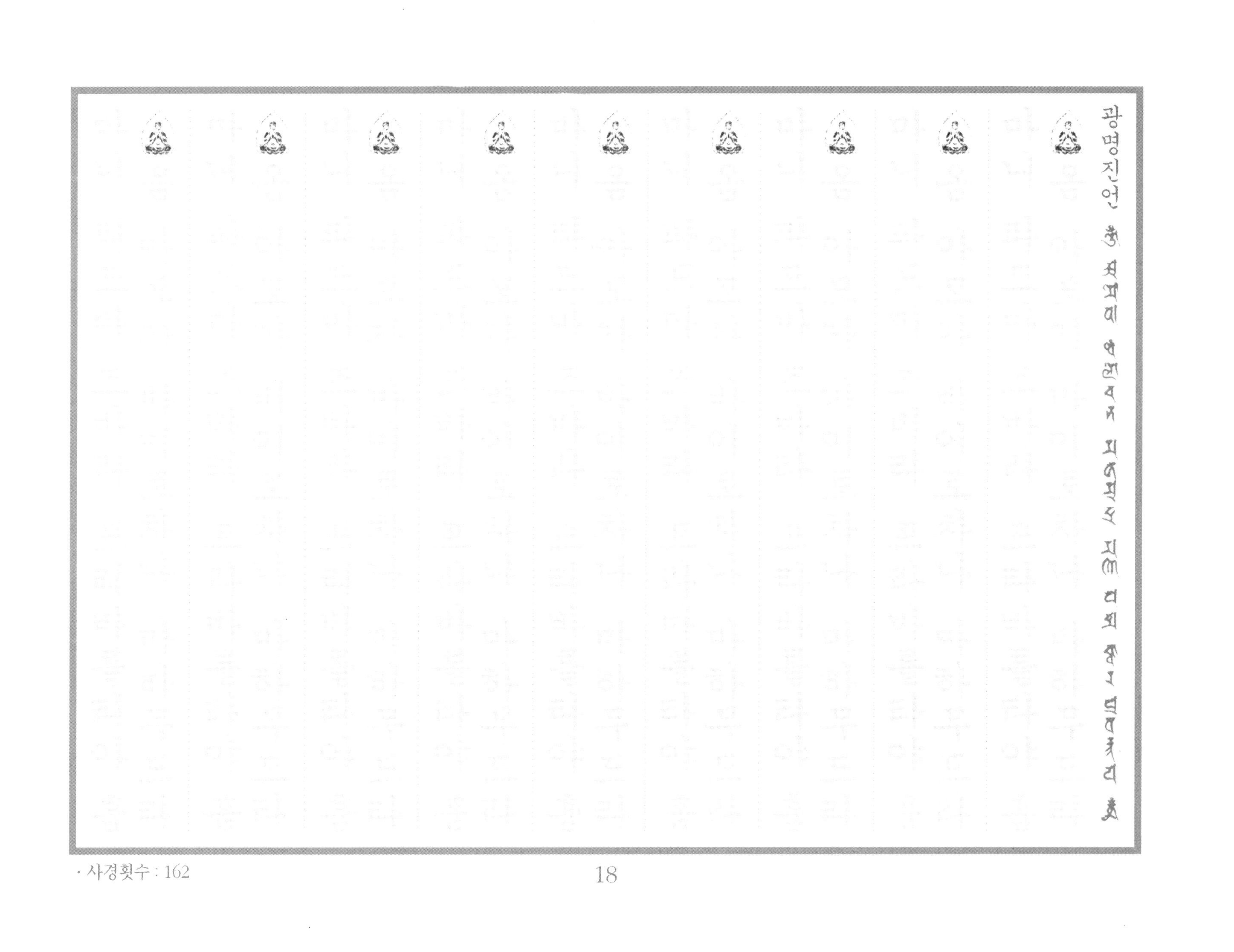

광명진언

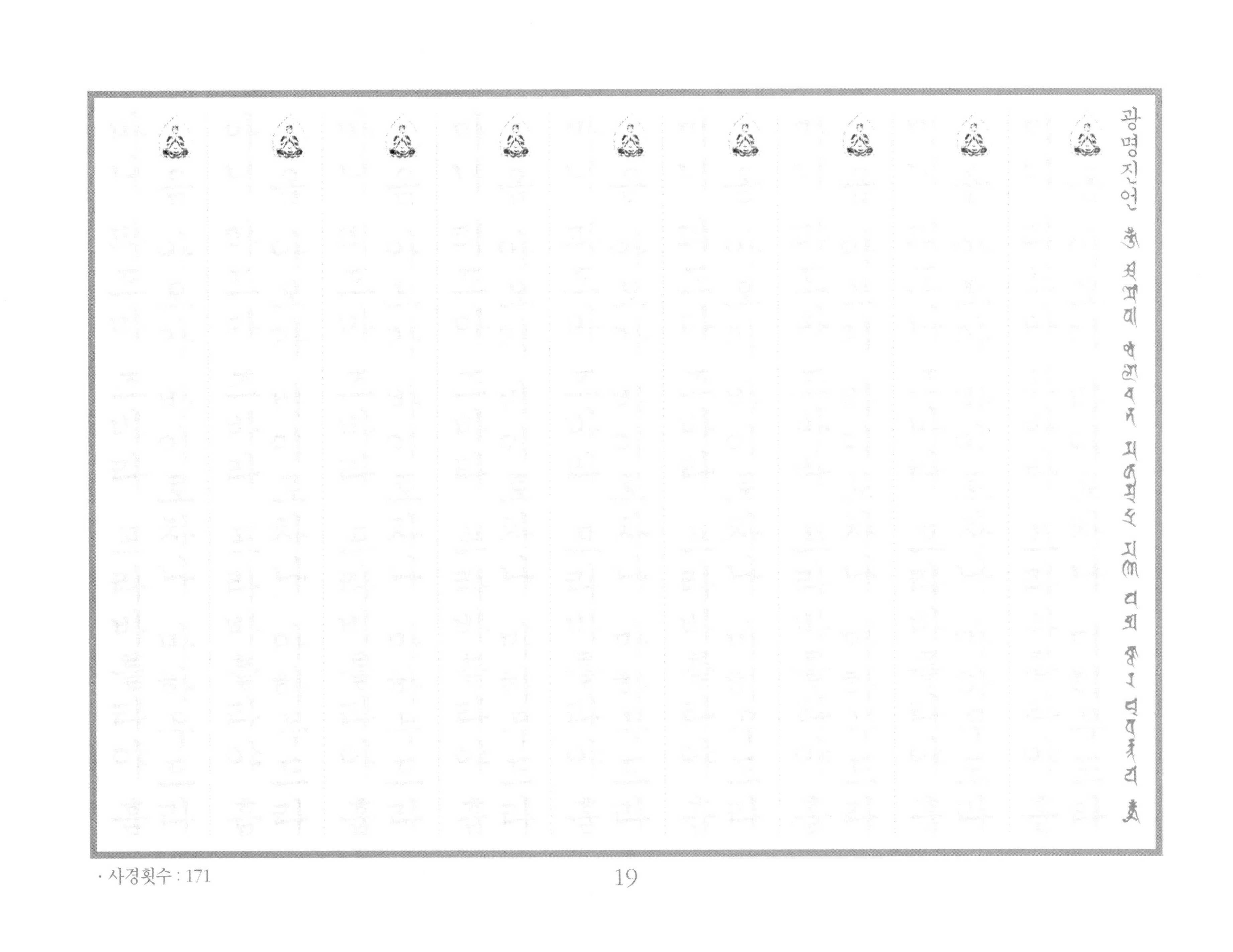

광명진언

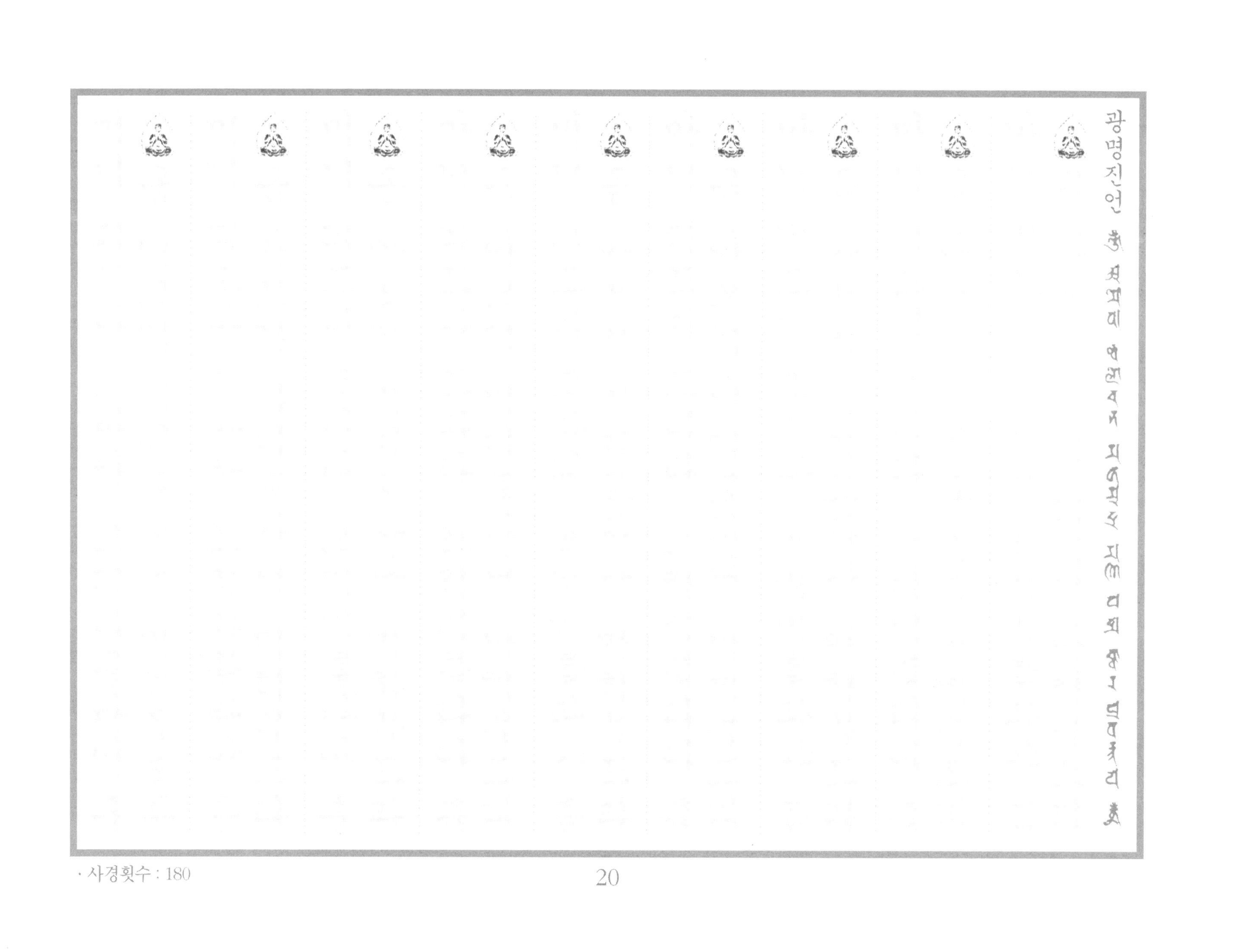

광명진언

· 사경횟수 : 180

광명진언

광명진언

광명진언

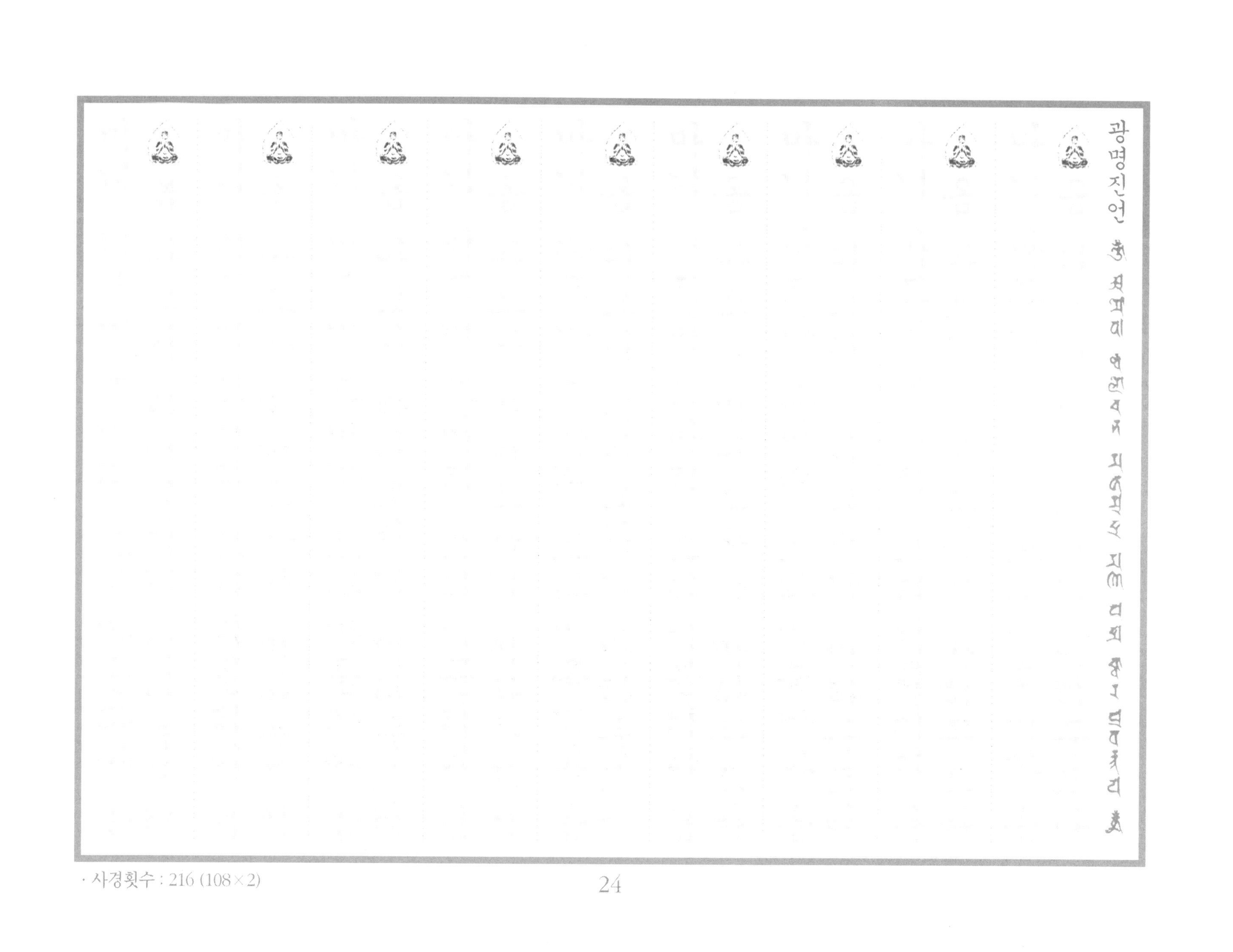

광명진언

· 사경횟수 : 216 (108×2)

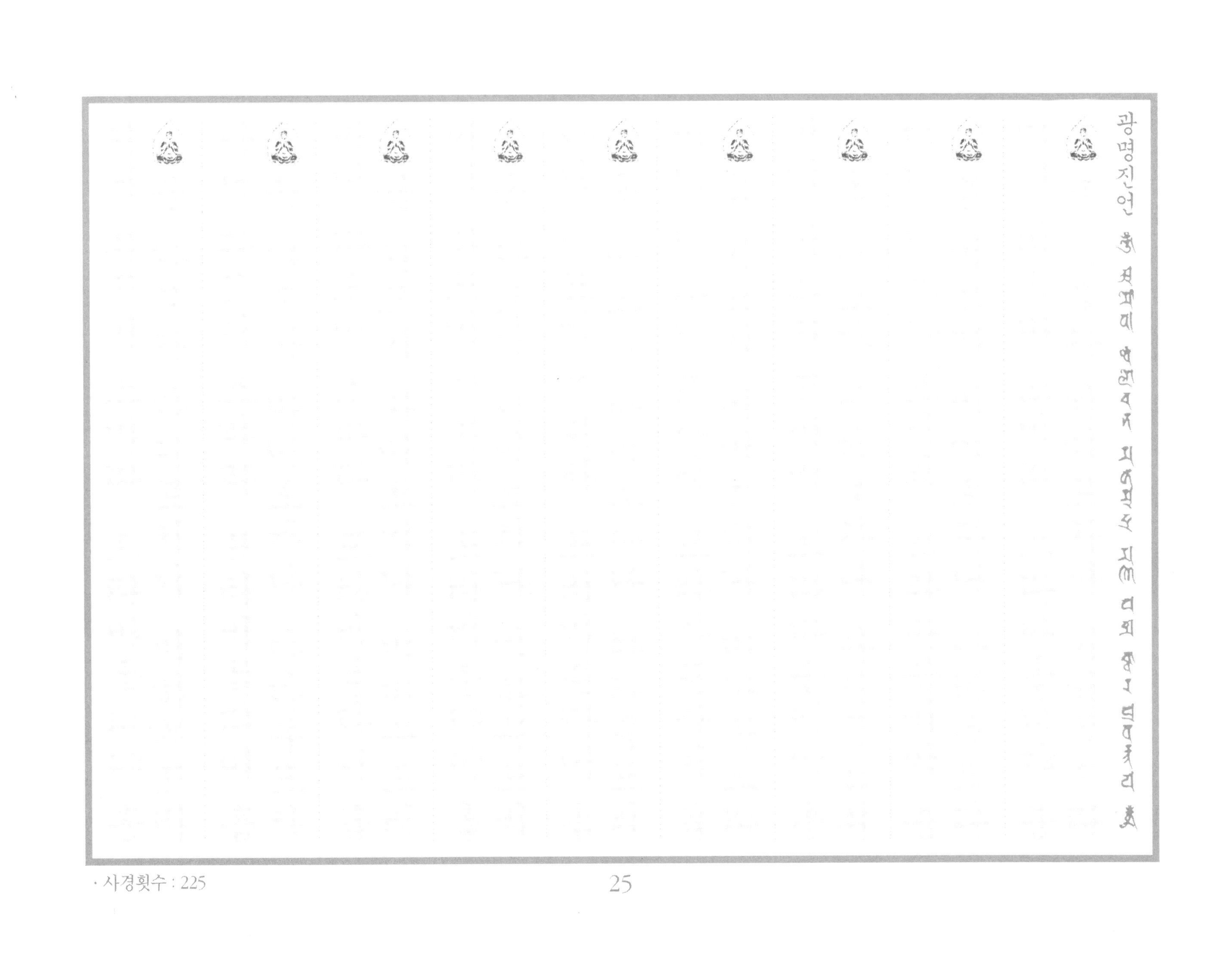

광명진언

광명진언

광명진언

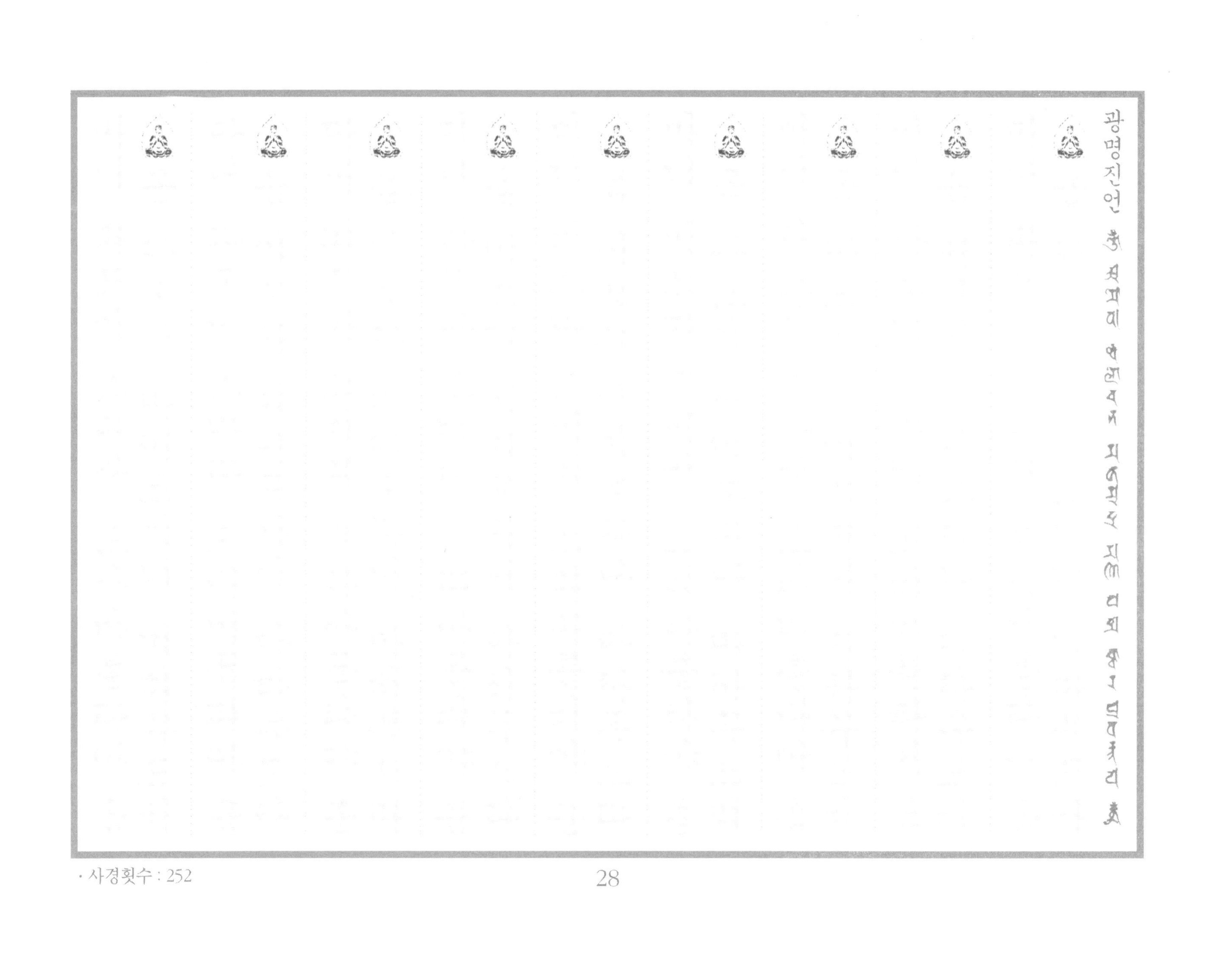

광명진언

· 사경횟수 : 252

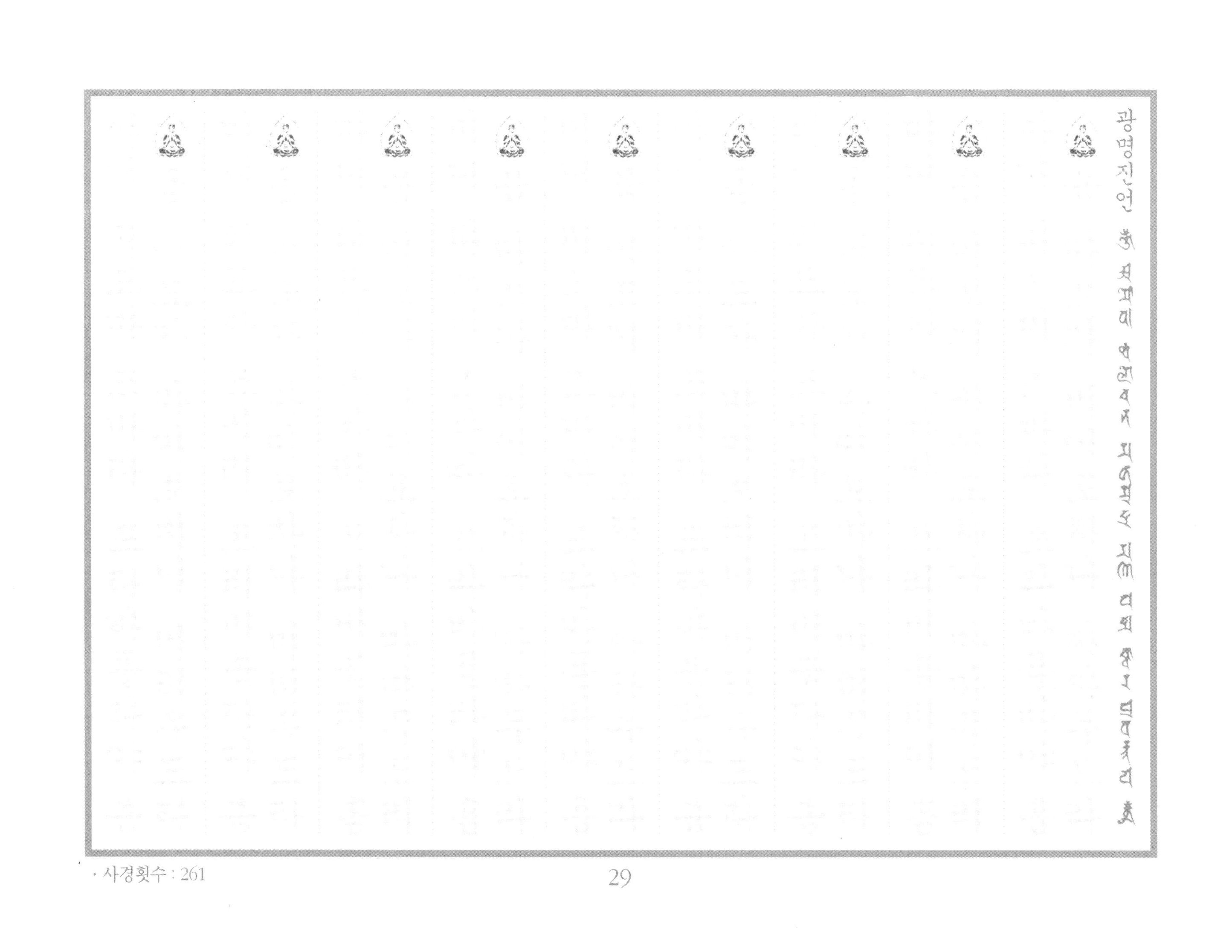

광명진언

광명진언

· 사경횟수 : 270

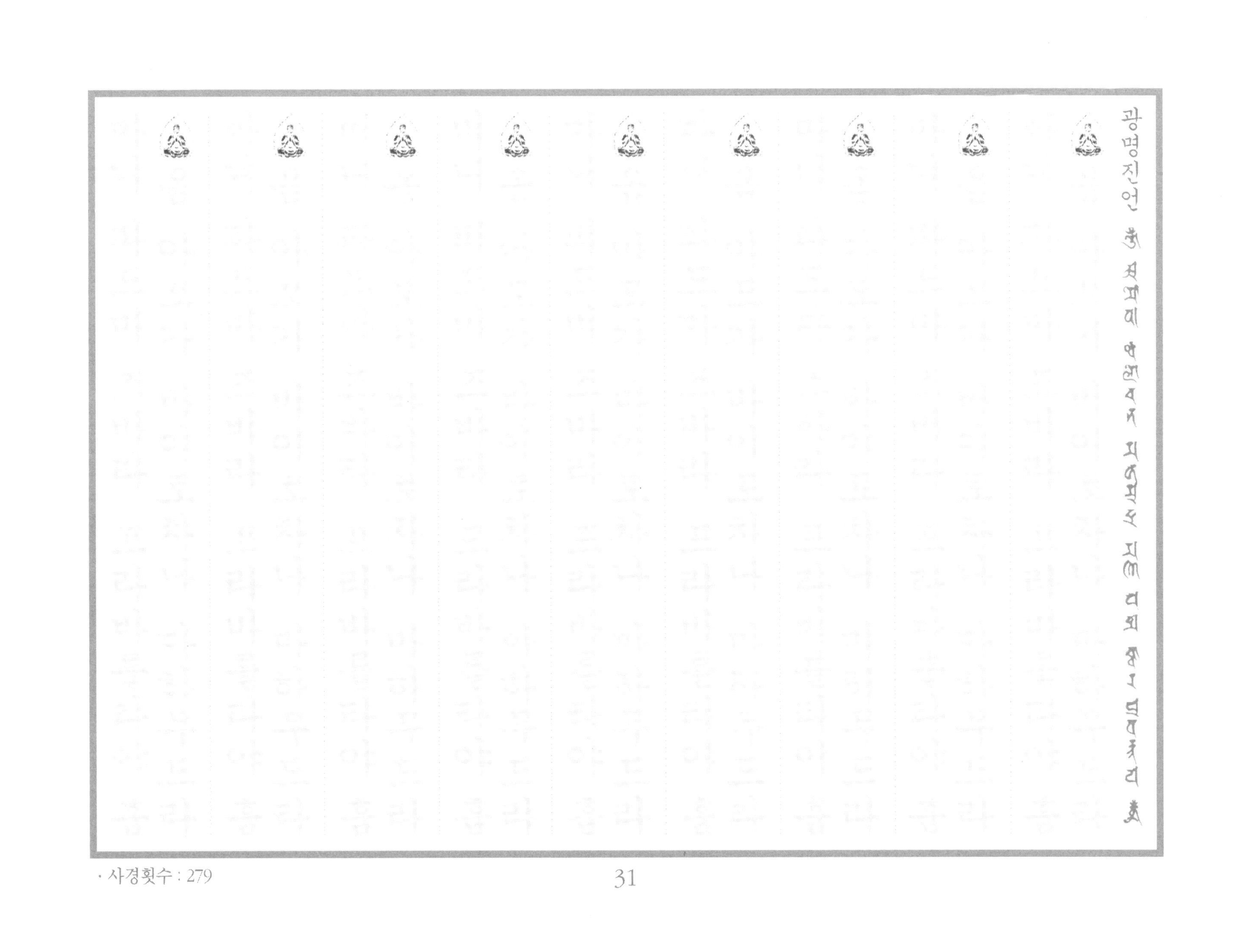

광명진언

광명진언

광명진언

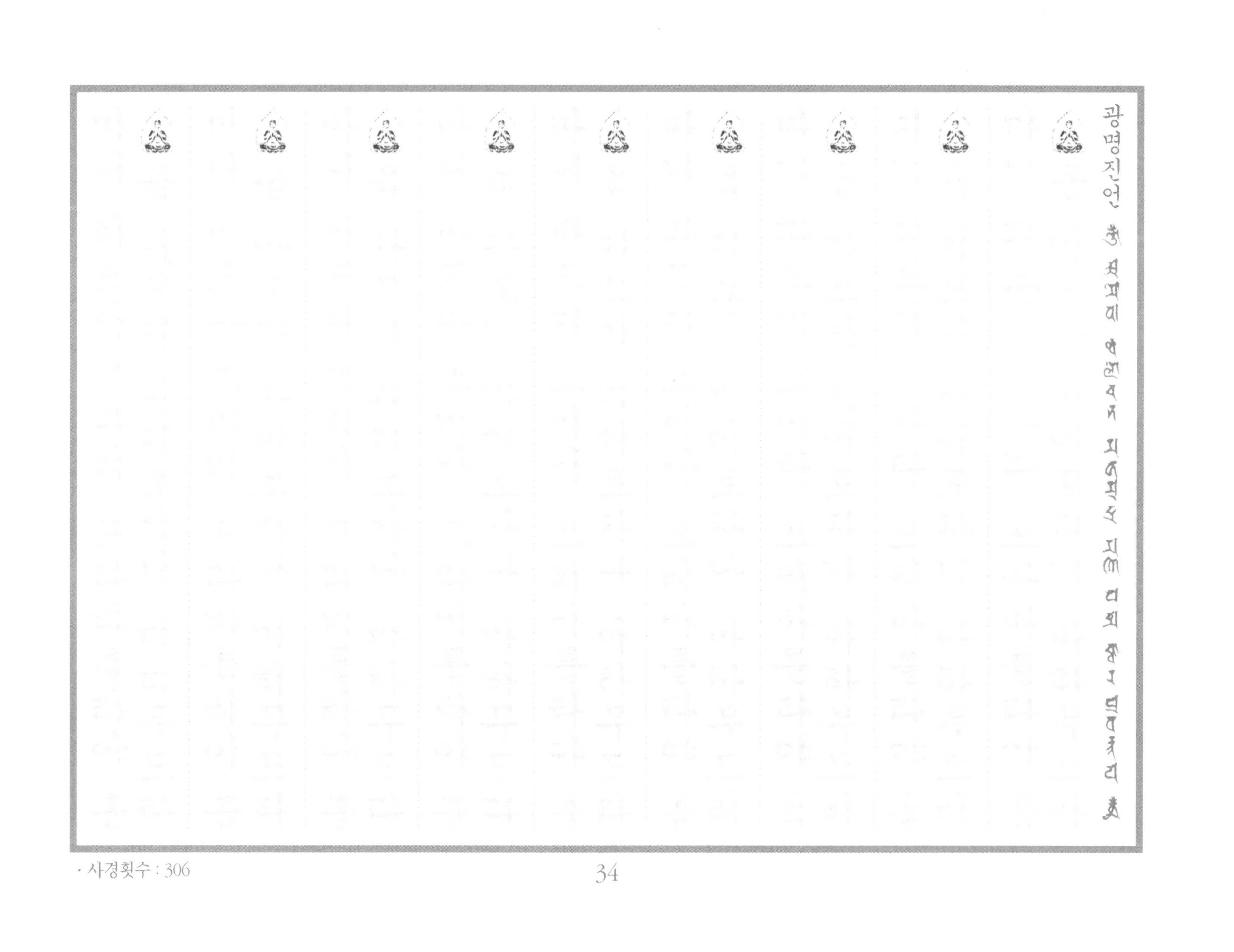

광명진언

· 사경횟수 : 306

광명진언

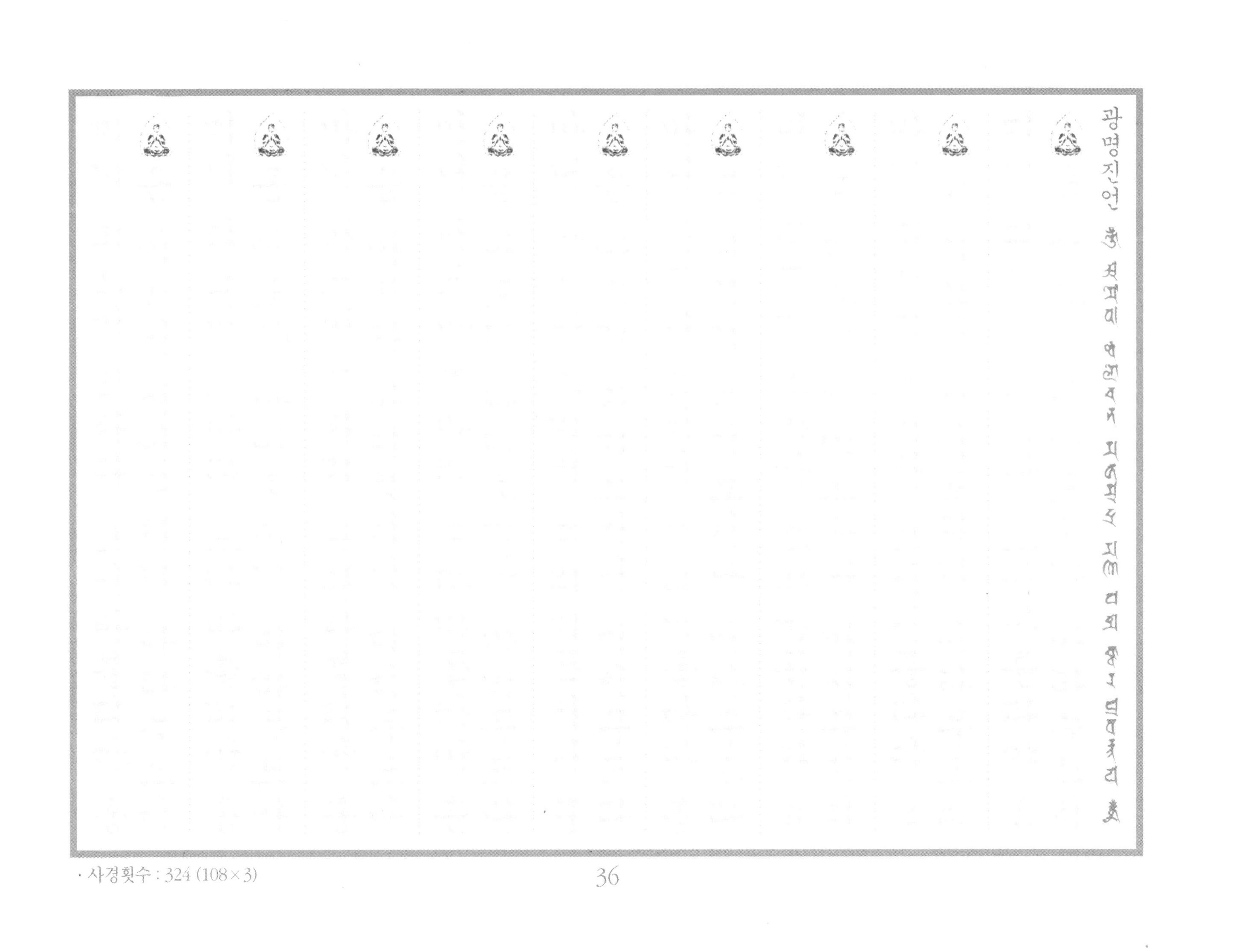

광명진언

· 사경횟수 : 324 (108×3)

광명진언

· 사경횟수 : 333

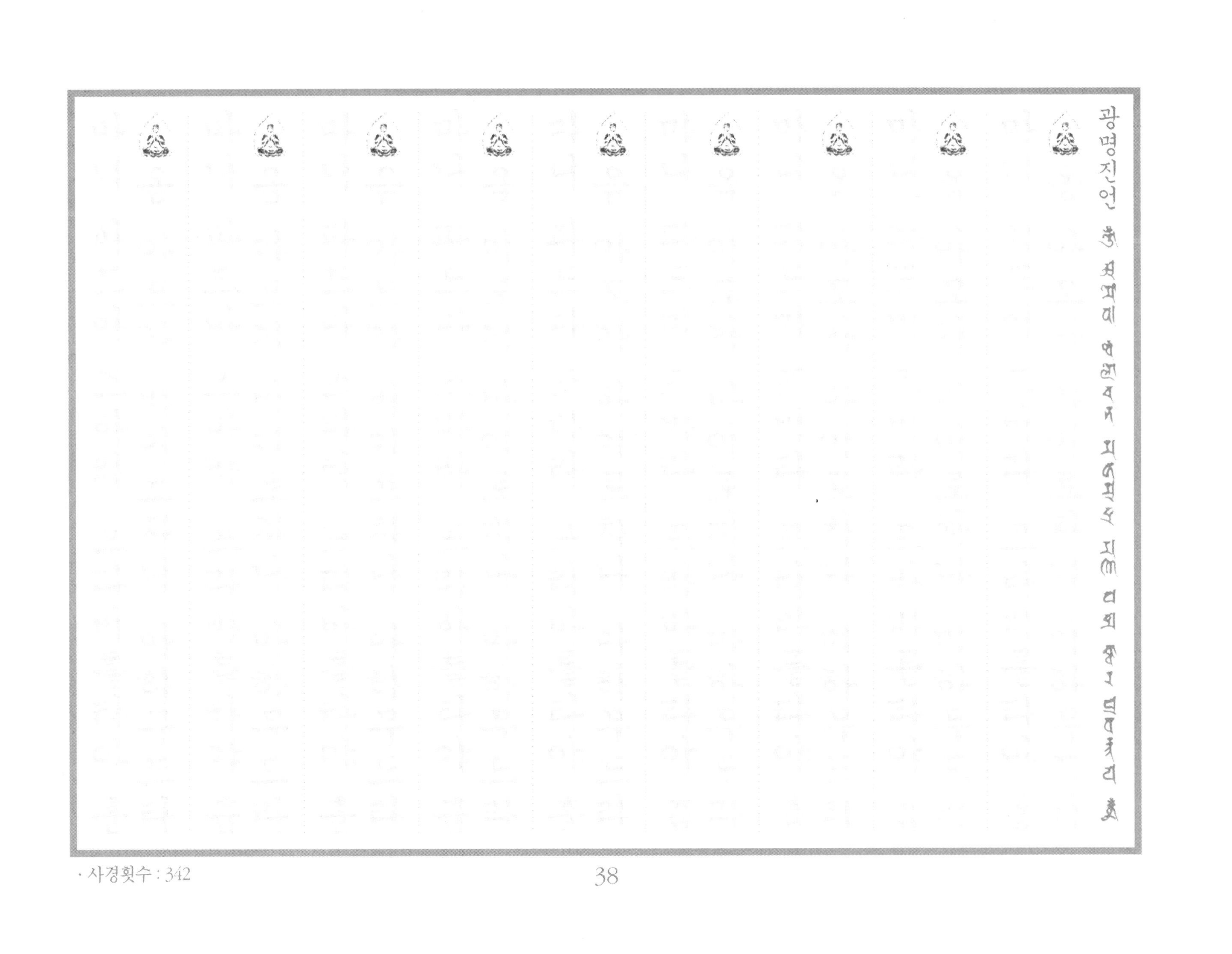

광명진언

· 사경횟수 : 342

광명진언

광명진언

· 사경횟수 : 360

광명진언

· 사경횟수 : 369

광명진언

· 사경횟수 : 378

광명진언

옴 아모가 바이로차나 마하무드라
마니 파드마 즈바라 프라바릍타야 훔

옴 아모가 바이로차나 마하무드라
마니 파드마 즈바라 프라바릍타야 훔

옴 아모가 바이로차나 마하무드라
마니 파드마 즈바라 프라바릍타야 훔

옴 아모가 바이로차나 마하무드라
마니 파드마 즈바라 프라바릍타야 훔

옴 아모가 바이로차나 마하무드라
마니 파드마 즈바라 프라바릍타야 훔

옴 아모가 바이로차나 마하무드라
마니 파드마 즈바라 프라바릍타야 훔

옴 아모가 바이로차나 마하무드라
마니 파드마 즈바라 프라바릍타야 훔

옴 아모가 바이로차나 마하무드라
마니 파드마 즈바라 프라바릍타야 훔

옴 아모가 바이로차나 마하무드라
마니 파드마 즈바라 프라바릍타야 훔

· 사경횟수 : 387

광명진언

광명진언

광명진언

옴 아모가 바이로차나 마하무드라
마니 파드마 즈바라 프라바릍타야 훔

옴 아모가 바이로차나 마하무드라
마니 파드마 즈바라 프라바릍타야 훔

옴 아모가 바이로차나 마하무드라
마니 파드마 즈바라 프라바릍타야 훔

옴 아모가 바이로차나 마하무드라
마니 파드마 즈바라 프라바릍타야 훔

옴 아모가 바이로차나 마하무드라
마니 파드마 즈바라 프라바릍타야 훔

옴 아모가 바이로차나 마하무드라
마니 파드마 즈바라 프라바릍타야 훔

옴 아모가 바이로차나 마하무드라
마니 파드마 즈바라 프라바릍타야 훔

옴 아모가 바이로차나 마하무드라
마니 파드마 즈바라 프라바릍타야 훔

옴 아모가 바이로차나 마하무드라
마니 파드마 즈바라 프라바릍타야 훔

광명진언

· 사경횟수 : 423

광명진언

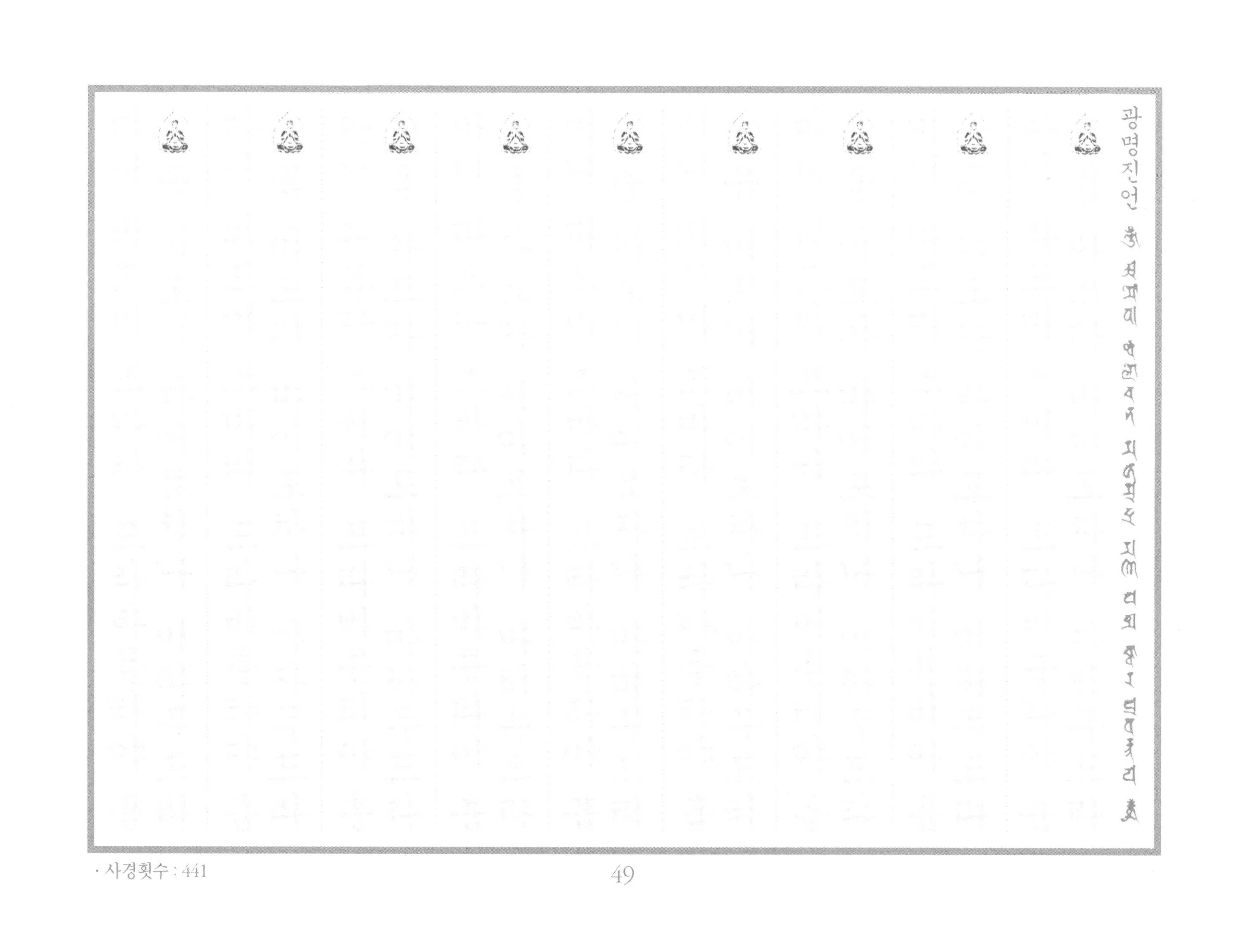

광명진언

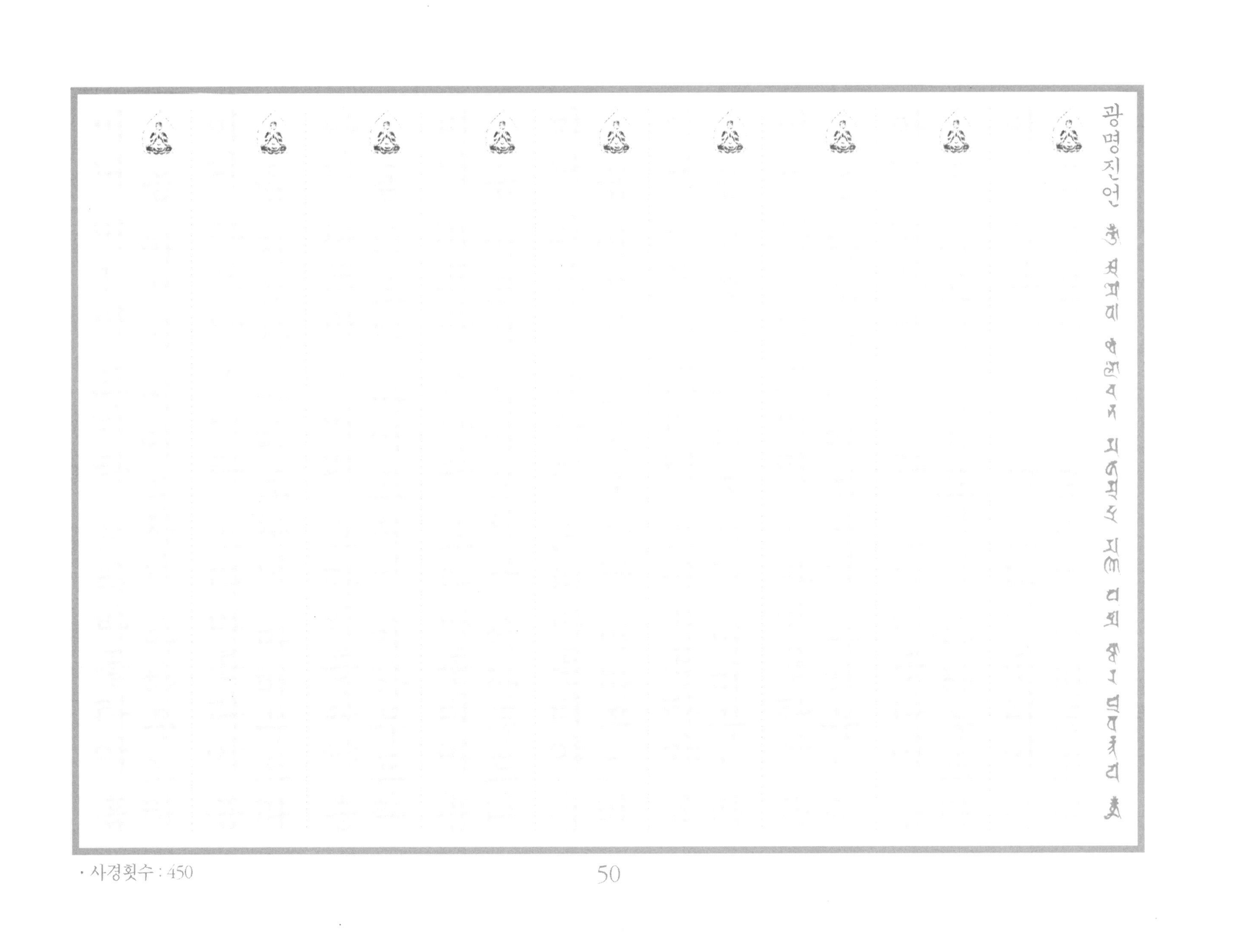

광명진언

· 사경횟수 : 450

광명진언

광명진언

· 사경횟수 : 468

광명진언

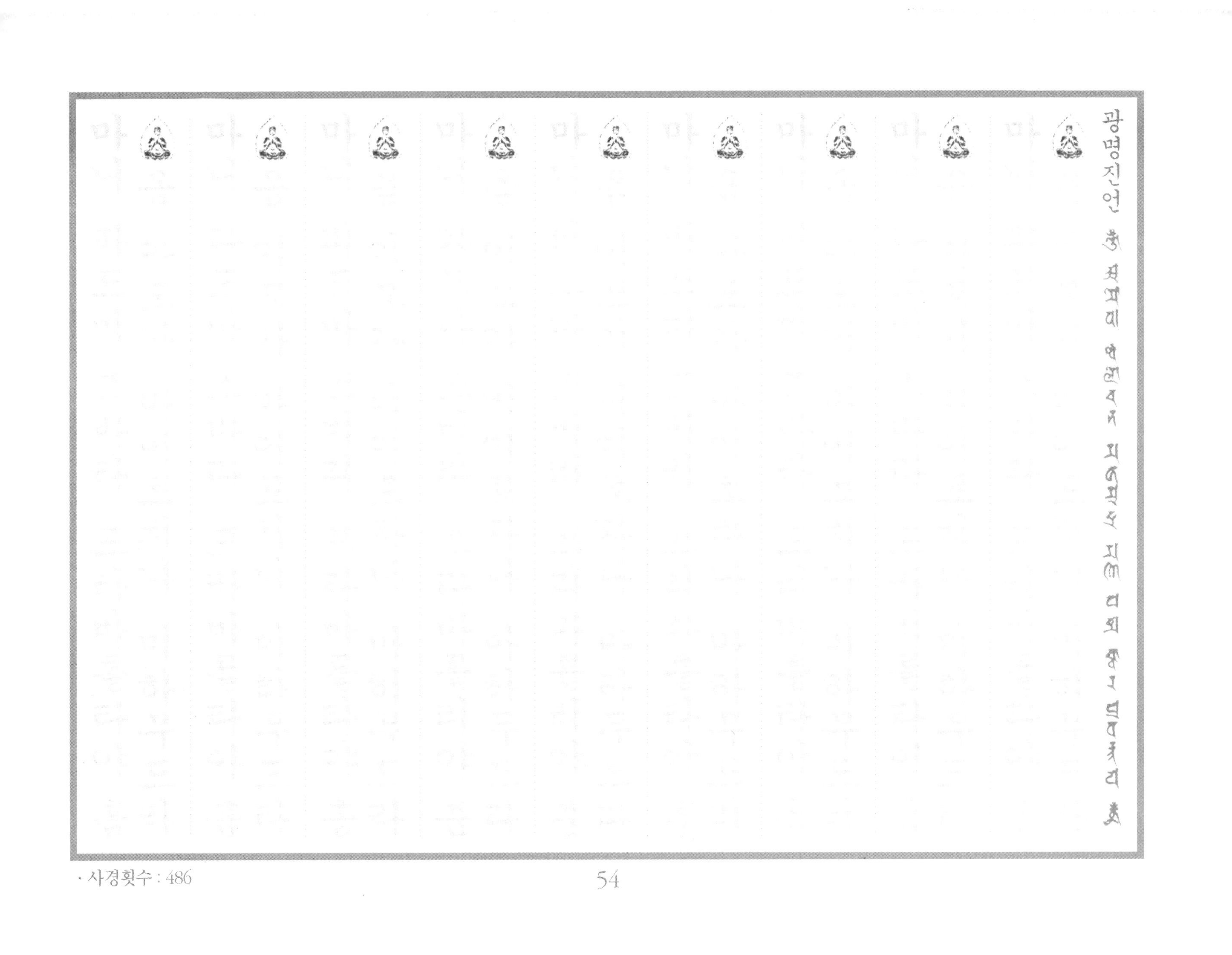

광명진언

광명진언

옴 아모가 바이로차나 마하무드라
마니 파드마 즈바라 프라바릍타야 훔

옴 아모가 바이로차나 마하무드라
마니 파드마 즈바라 프라바릍타야 훔

옴 아모가 바이로차나 마하무드라
마니 파드마 즈바라 프라바릍타야 훔

옴 아모가 바이로차나 마하무드라
마니 파드마 즈바라 프라바릍타야 훔

옴 아모가 바이로차나 마하무드라
마니 파드마 즈바라 프라바릍타야 훔

옴 아모가 바이로차나 마하무드라
마니 파드마 즈바라 프라바릍타야 훔

옴 아모가 바이로차나 마하무드라
마니 파드마 즈바라 프라바릍타야 훔

옴 아모가 바이로차나 마하무드라
마니 파드마 즈바라 프라바릍타야 훔

옴 아모가 바이로차나 마하무드라
마니 파드마 즈바라 프라바릍타야 훔

광명진언

광명진언

광명진언

옴 아모가 바이로차나 마하무드라
마니 파드마 즈바라 프라바릍다야 훔

옴 아모가 바이로차나 마하무드라
마니 파드마 즈바라 프라바릍다야 훔

옴 아모가 바이로차나 마하무드라
마니 파드마 즈바라 프라바릍다야 훔

옴 아모가 바이로차나 마하무드라
마니 파드마 즈바라 프라바릍다야 훔

옴 아모가 바이로차나 마하무드라
마니 파드마 즈바라 프라바릍다야 훔

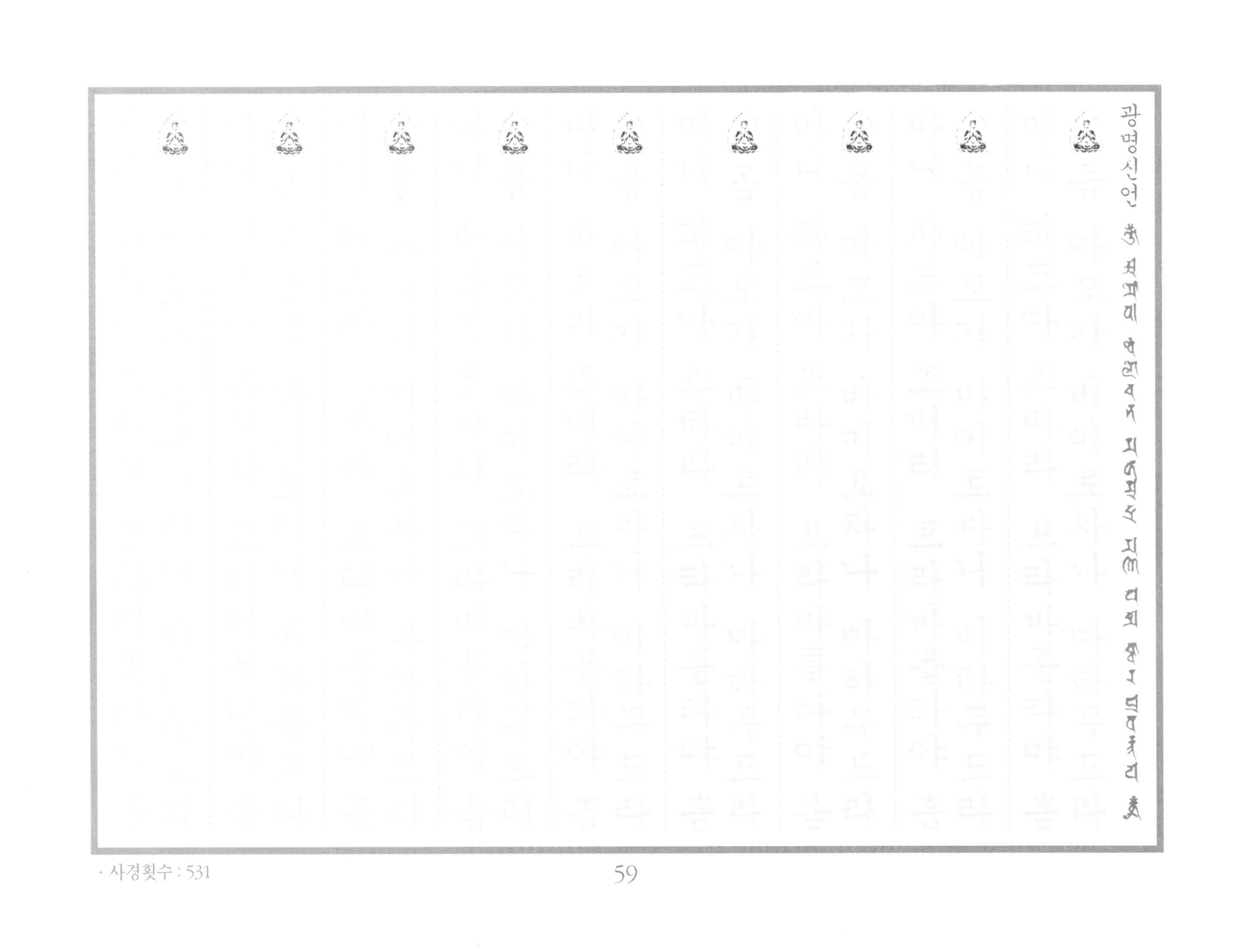

광명신언

광명진언

· 사경횟수 : 540 (108×5)

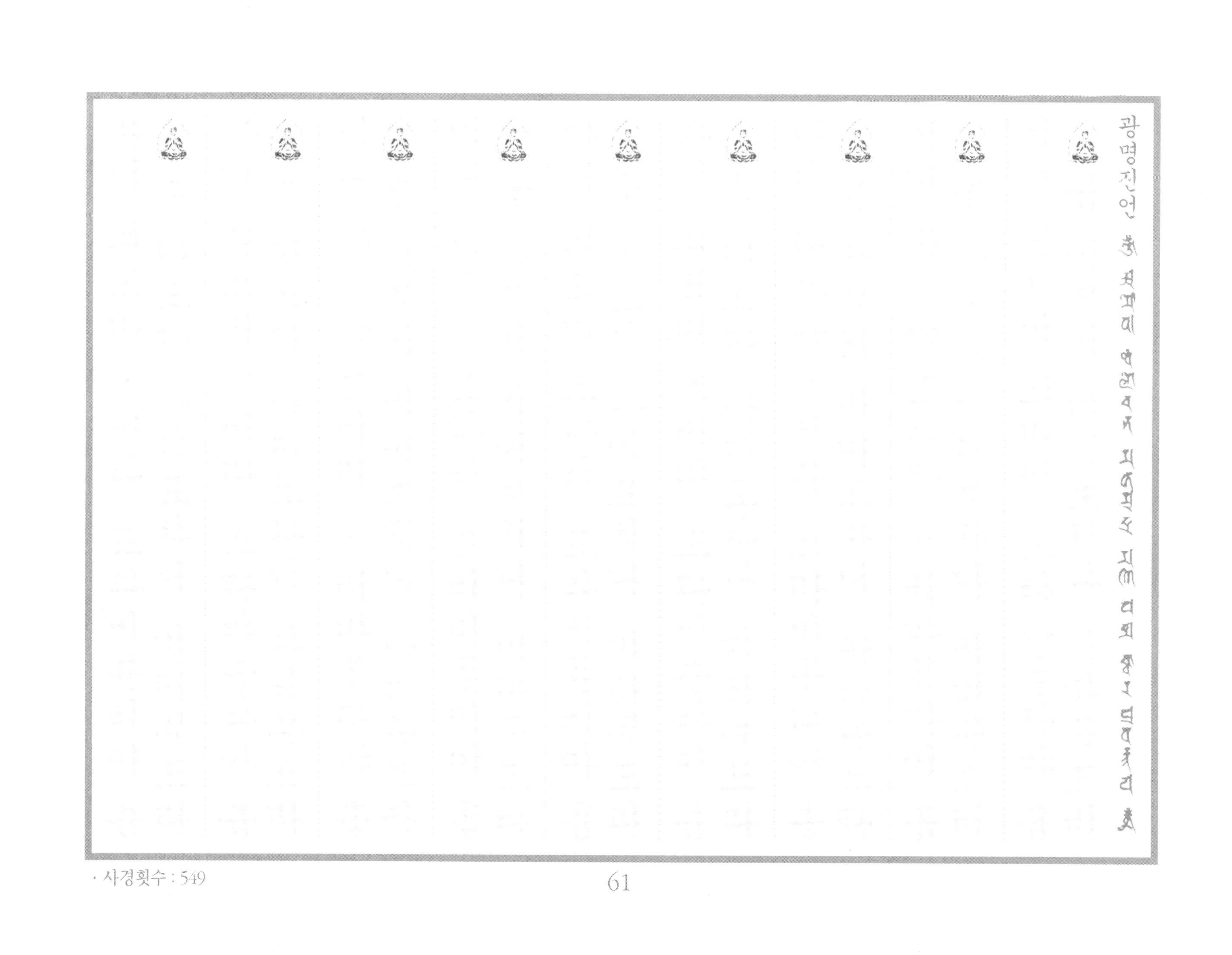

광명진언

광명진언

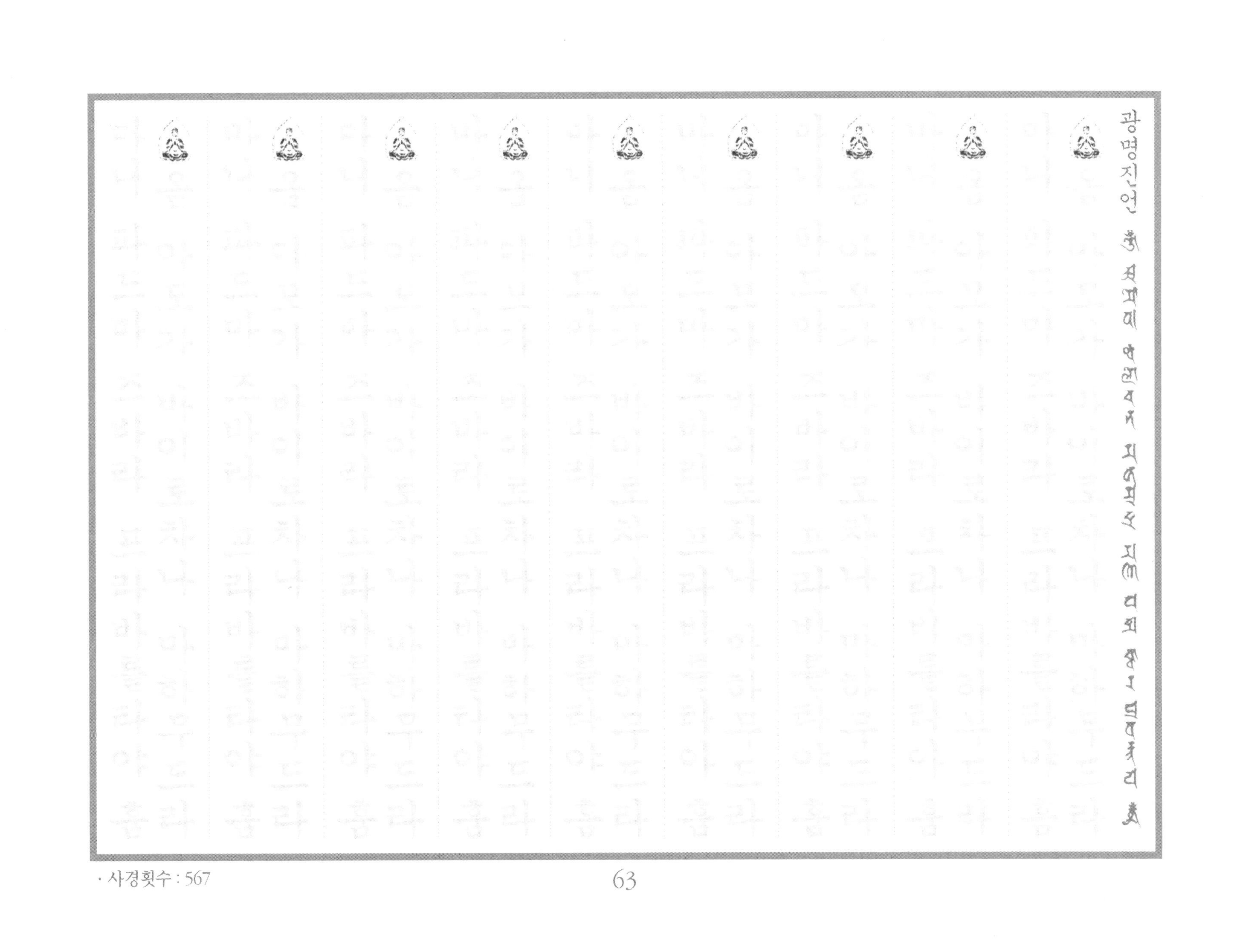

광명진언

광명진언

· 사경횟수 : 576

광명진언

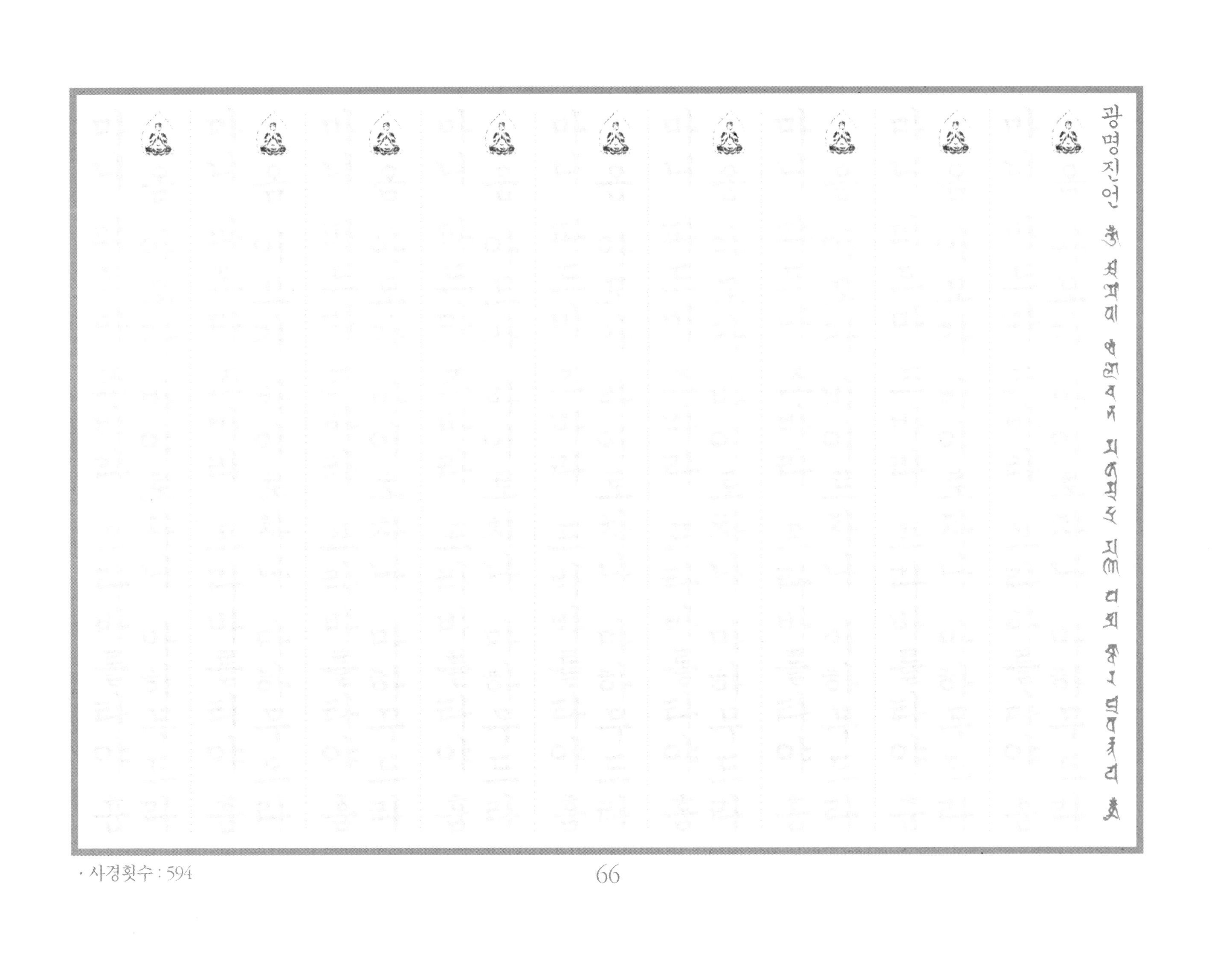

광명진언

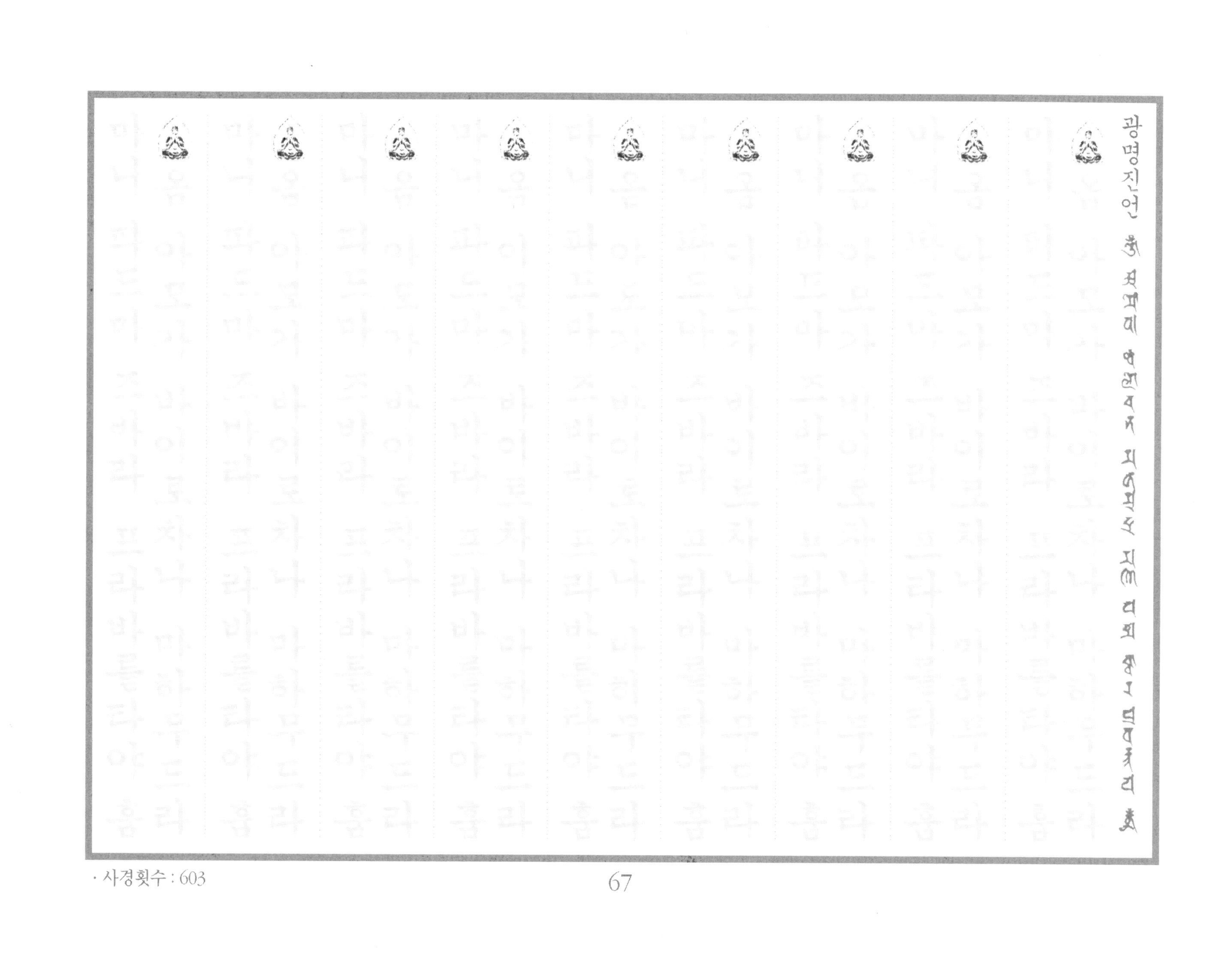

광명진언

· 사경횟수 : 603

광명진언

광명진언

· 사경횟수 : 621

광명진언

광명진언

· 사경횟수 : 639

광명진언

· 사경횟수 : 648 (108×6)

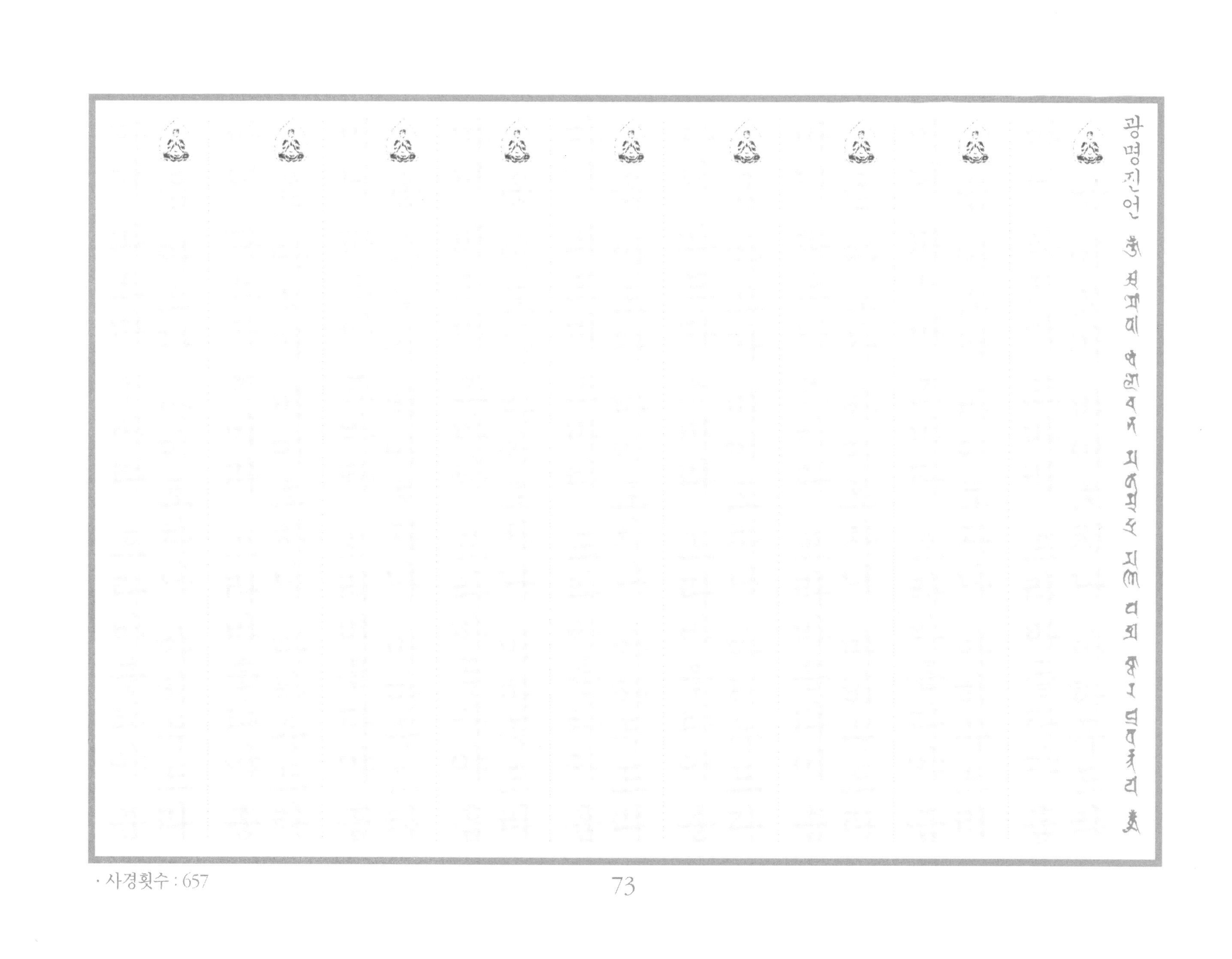

광명진언

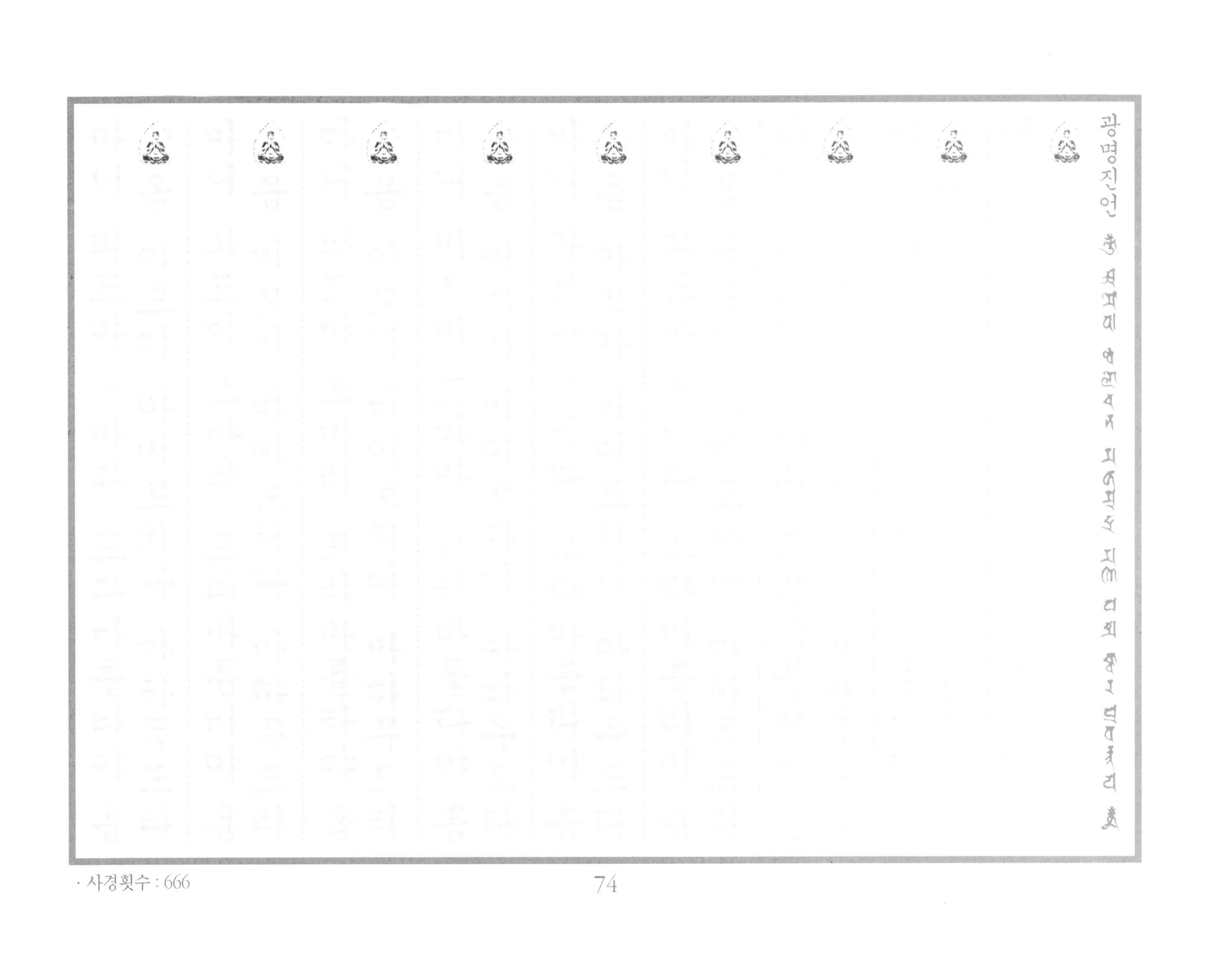

광명진언

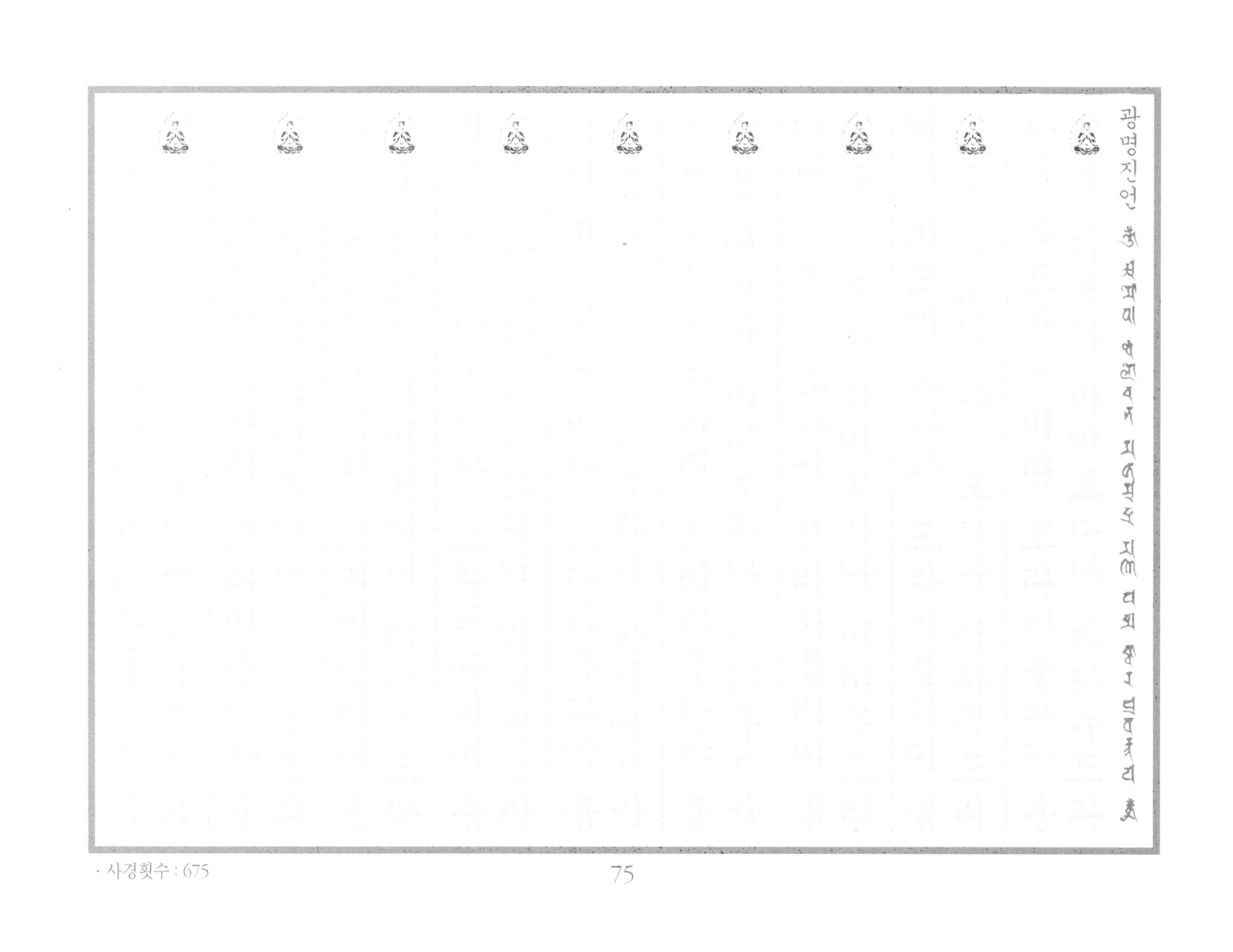

광명진언

광명진언

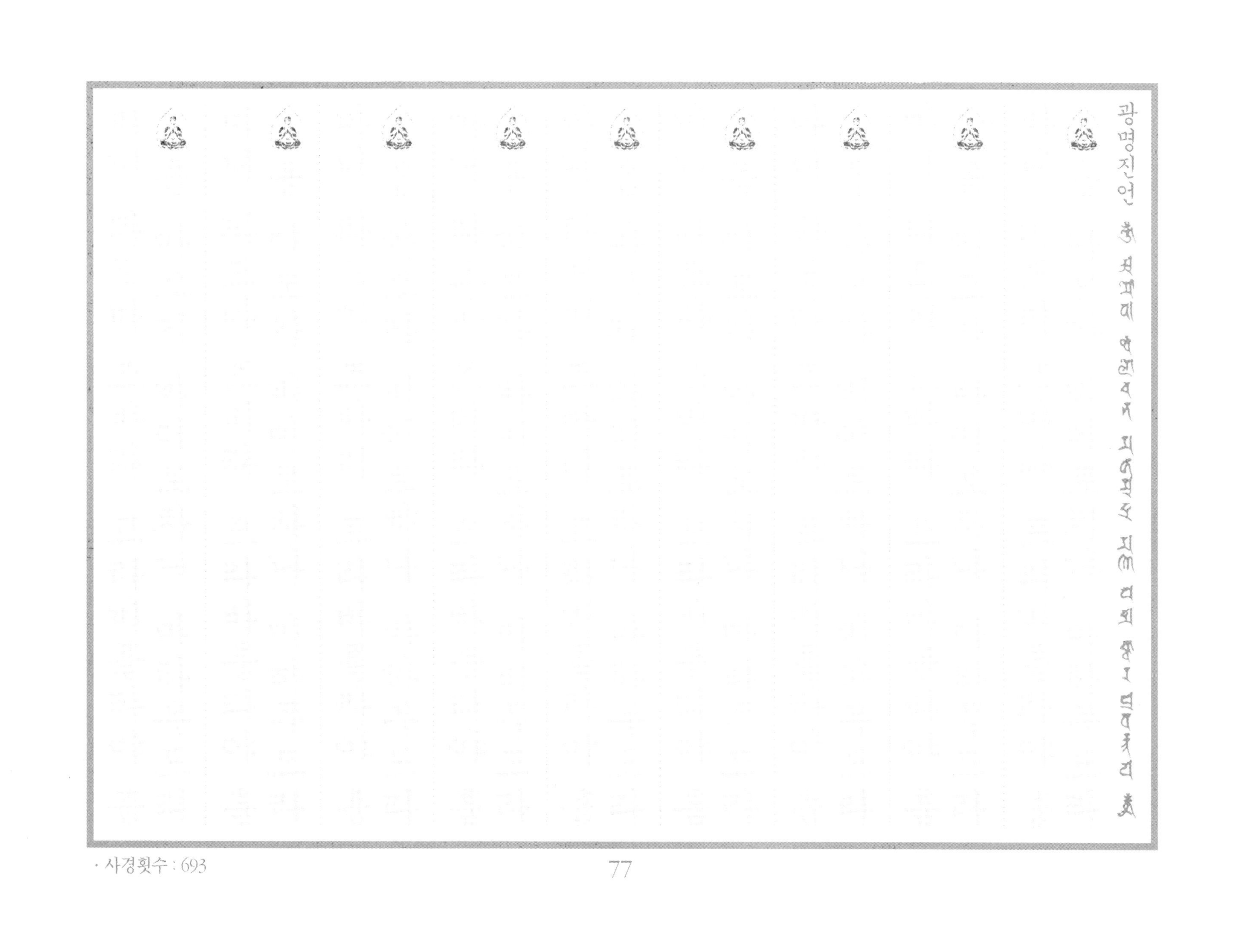

광명진언

· 사경횟수 : 693

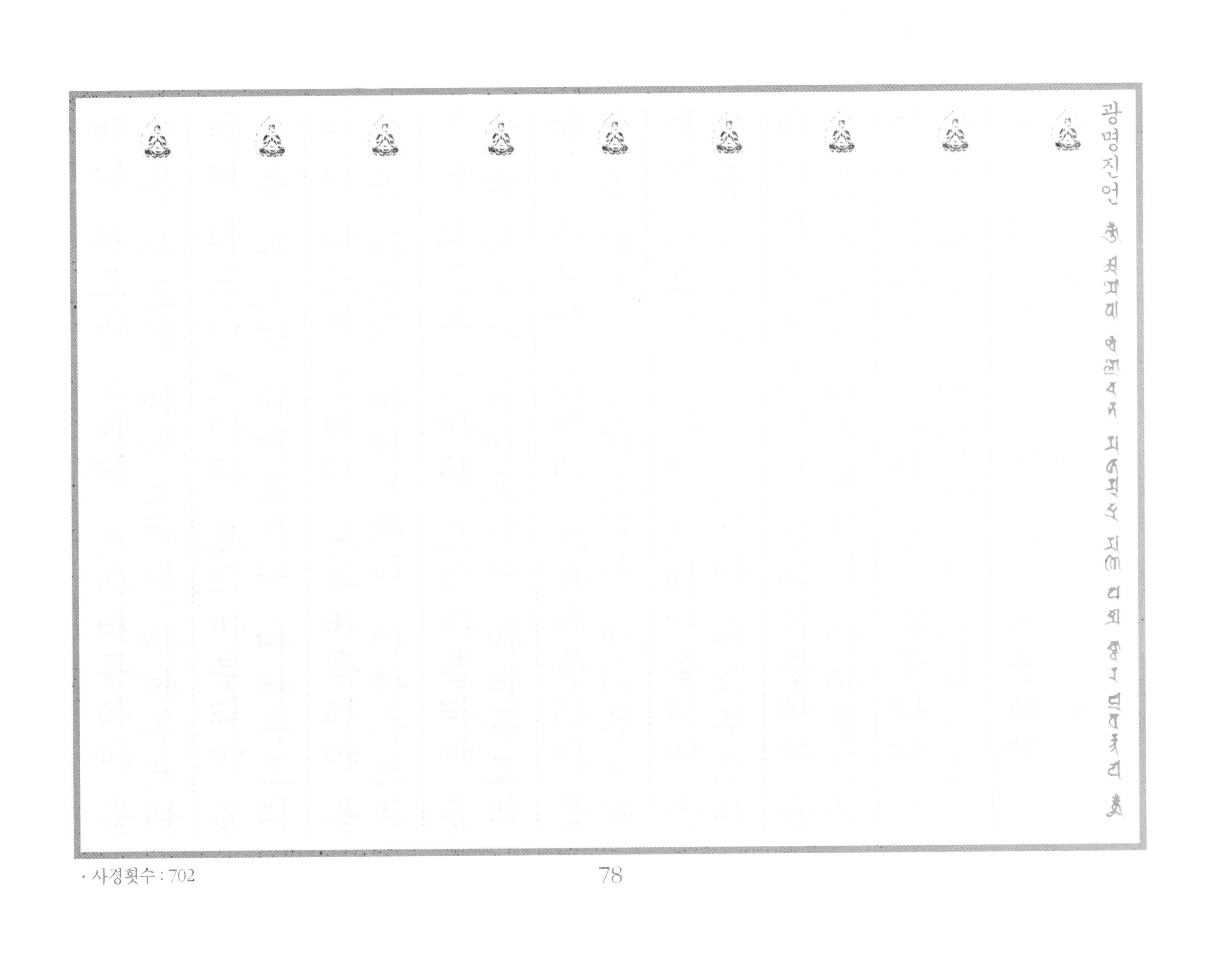

광명진언

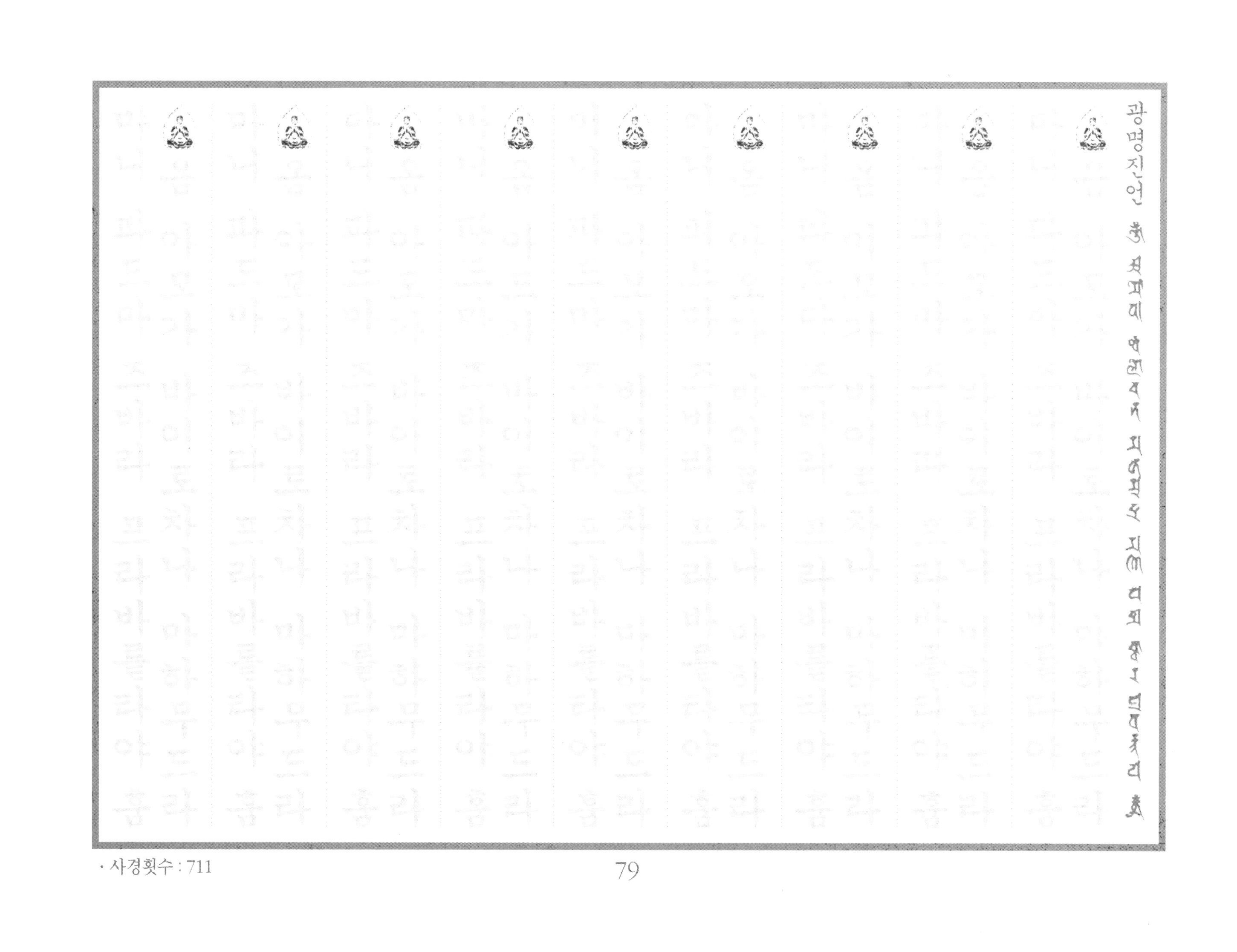

광명진언

광명진언

광명진언

· 사경횟수 : 729

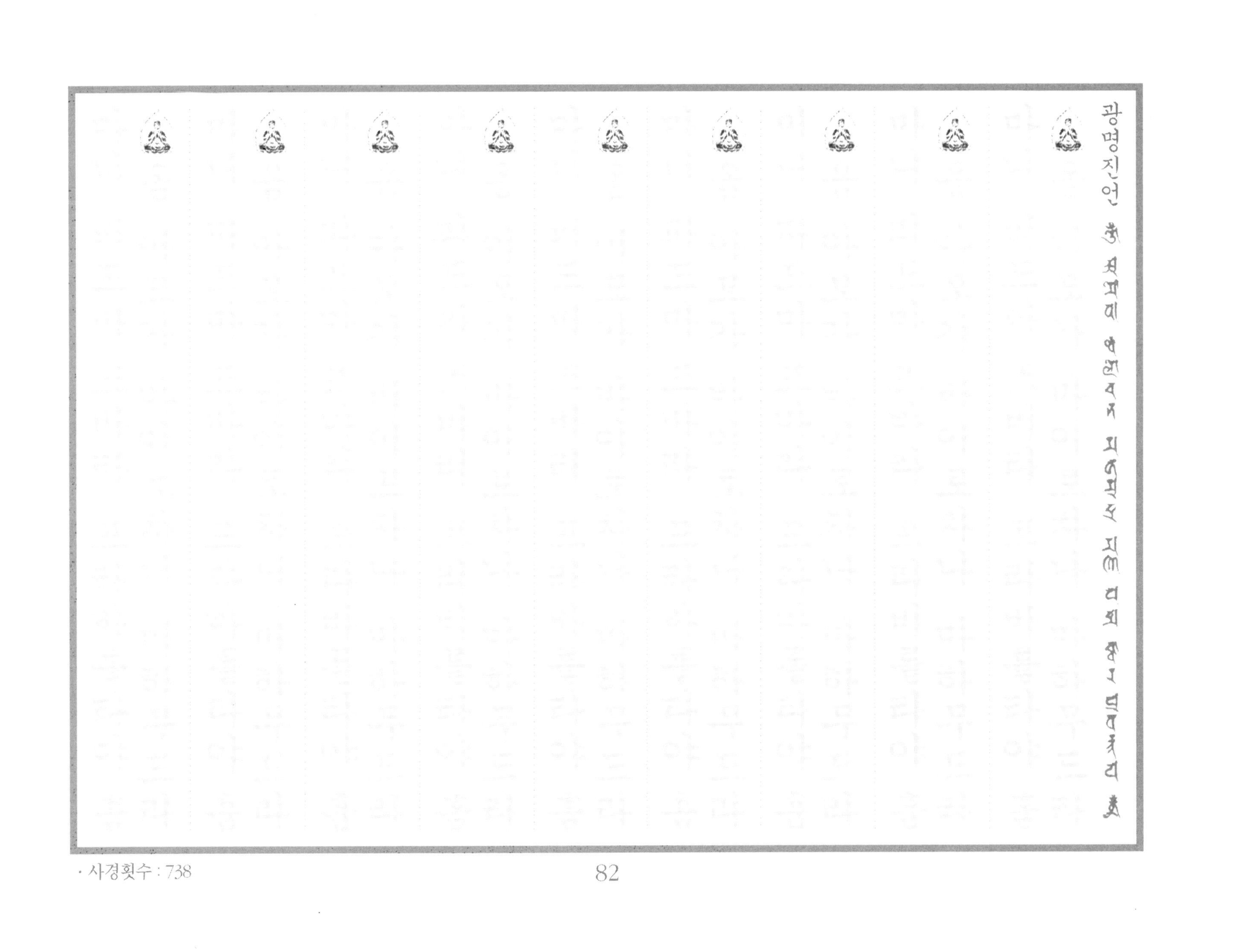

광명진언

광명진언

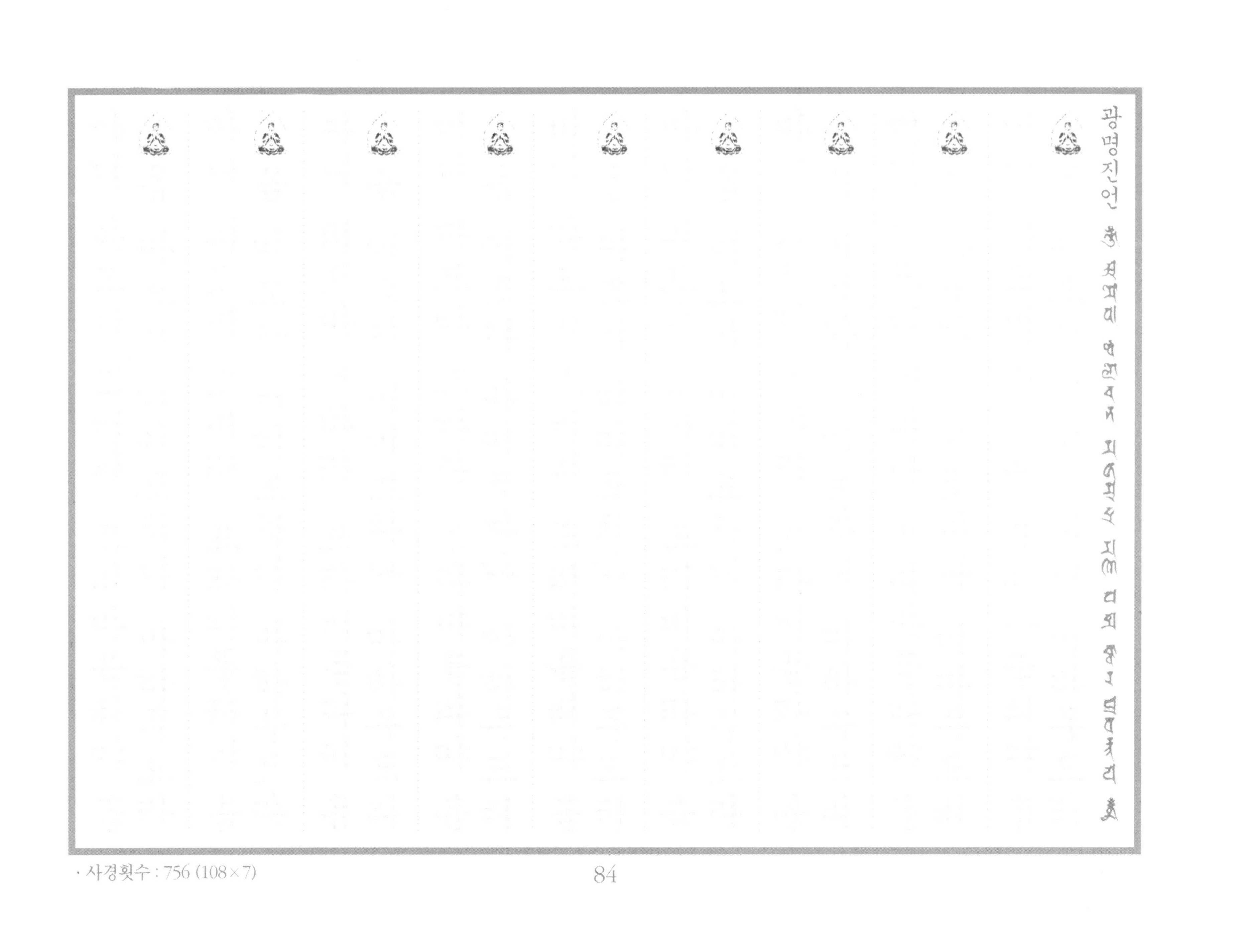

광명진언

광명진언

· 사경횟수 : 765

광명진언

광명진언

광명진언

광명진언

· 사경횟수 : 801

광명진언

광명진언

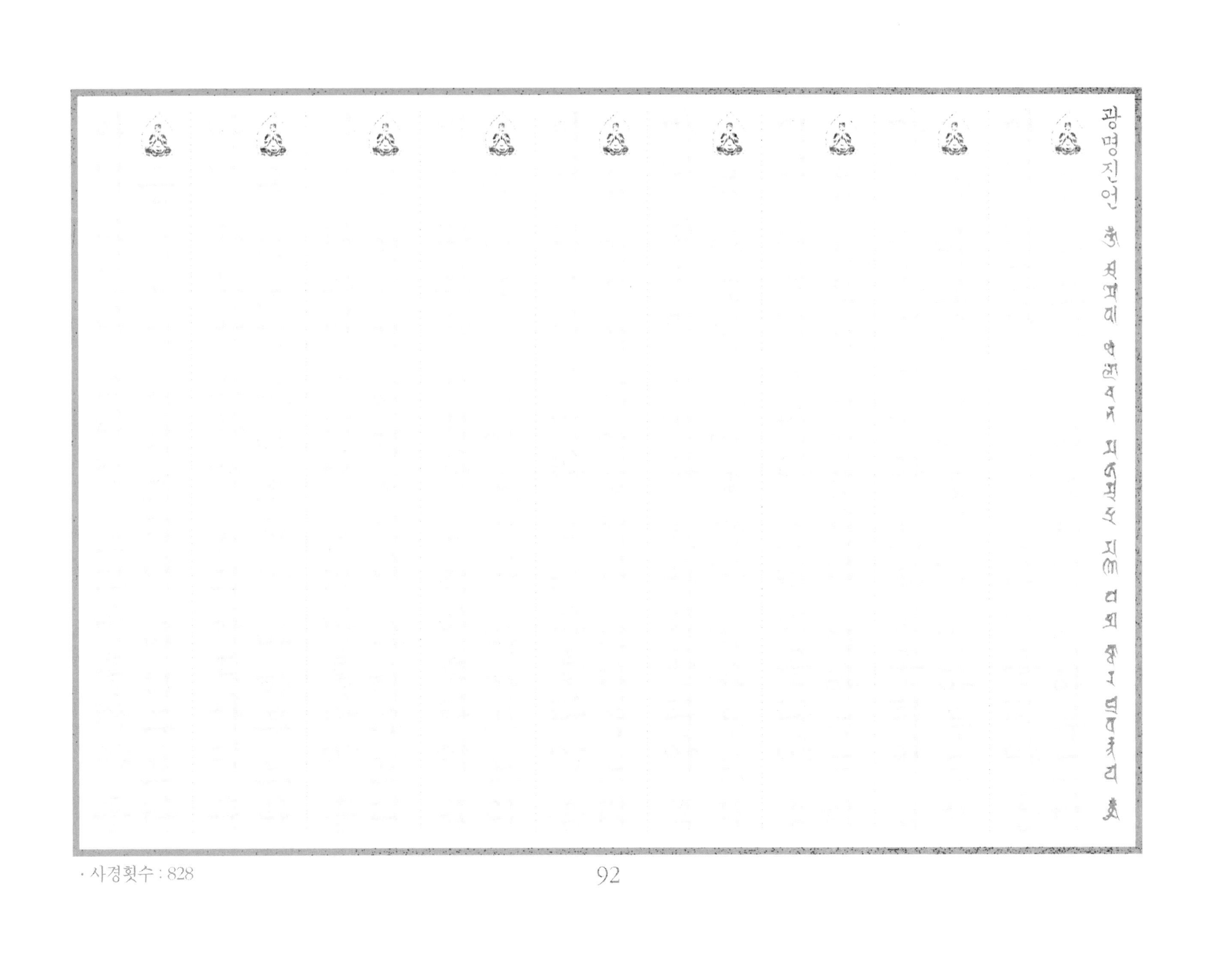

광명진언

광명진언

· 사경횟수 : 837

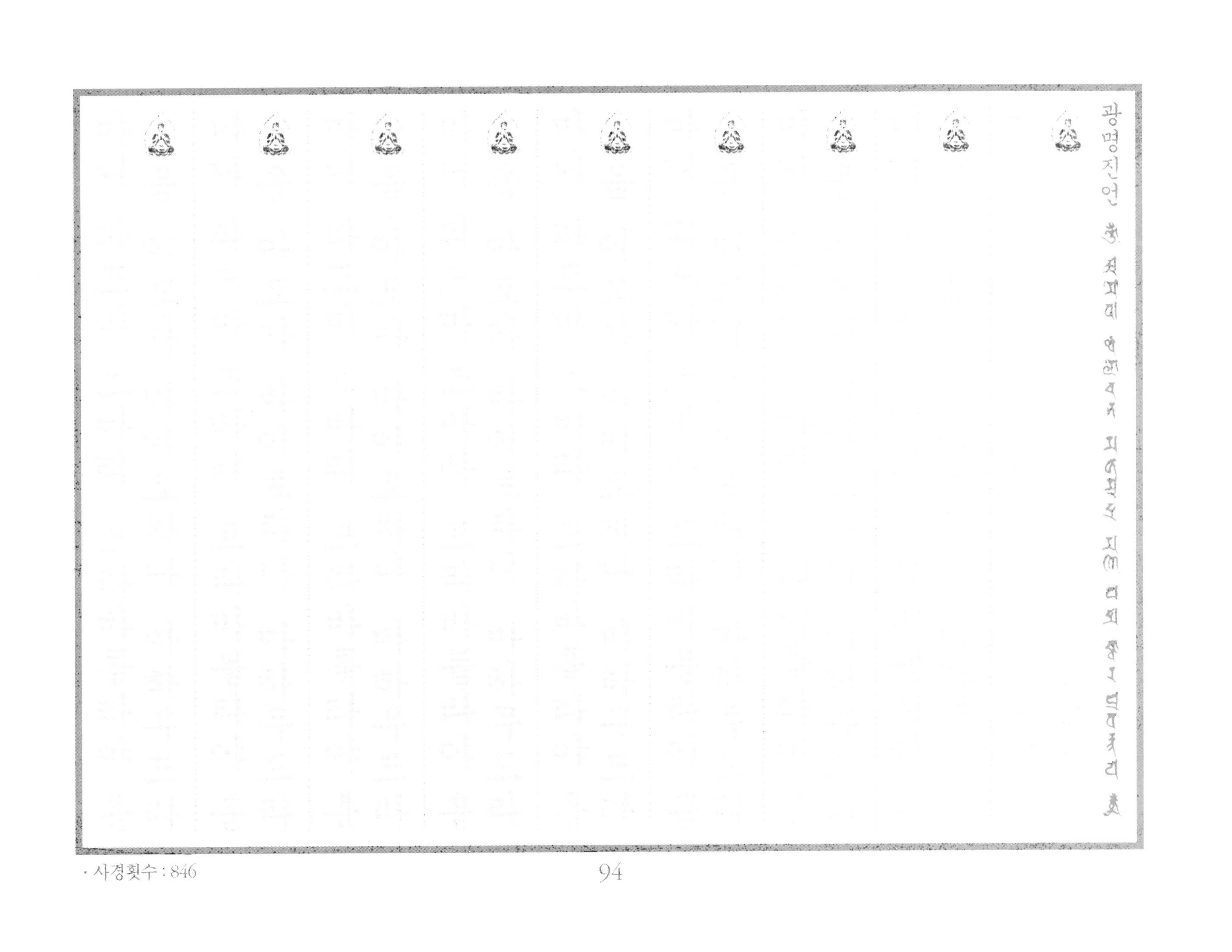

광명진언

광명진언

광명진언

· 사경횟수 : 864 (108×8)

광명진언

· 사경횟수 : 873

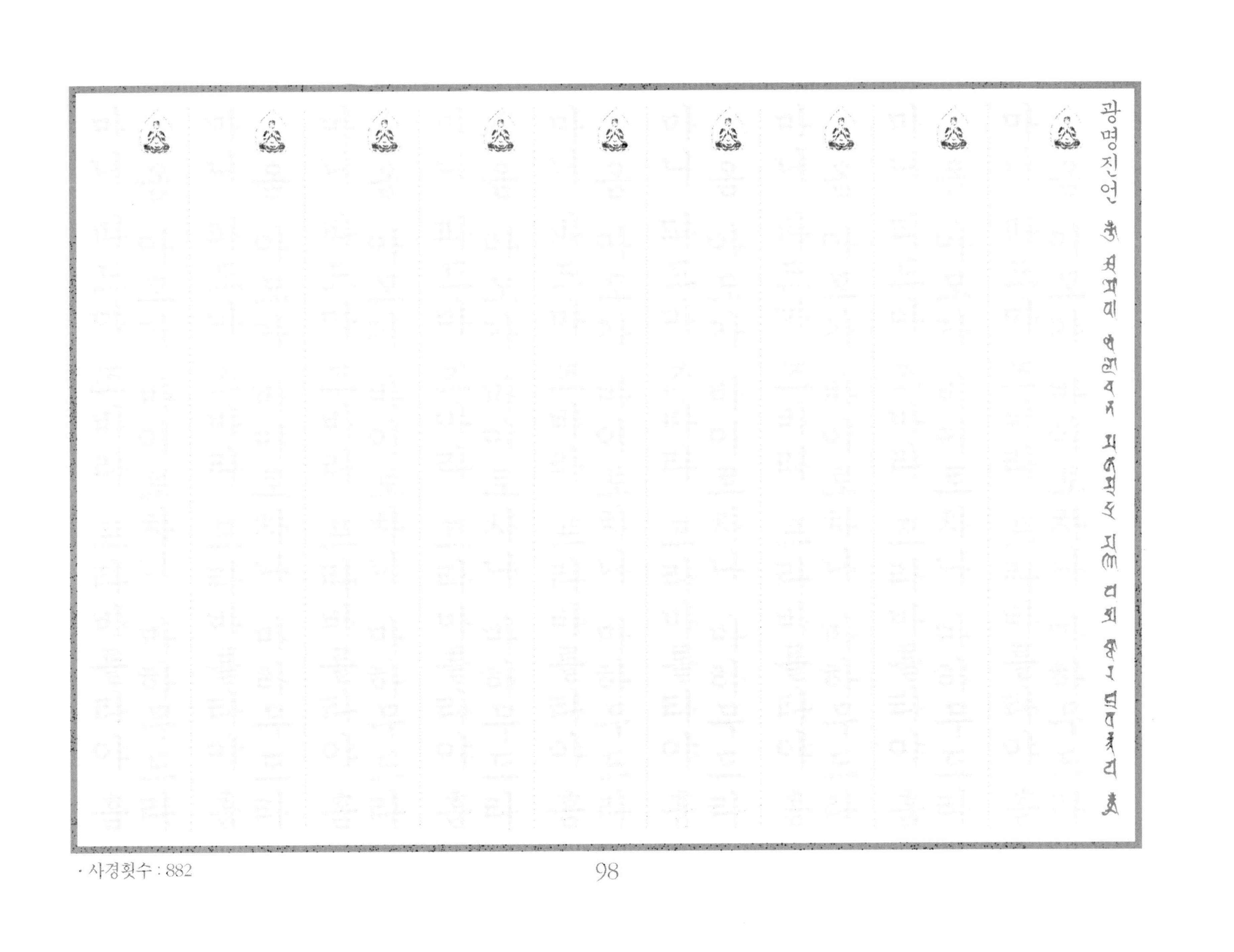

광명진언

· 사경횟수 : 882

광명진언

옴 아모가 바이로차나 마하무드라 마니
파드마 즈바라 프라바릍타야 훔

옴 아모가 바이로차나 마하무드라 마니
파드마 즈바라 프라바릍타야 훔

옴 아모가 바이로차나 마하무드라 마니
파드마 즈바라 프라바릍타야 훔

옴 아모가 바이로차나 마하무드라 마니
파드마 즈바라 프라바릍타야 훔

옴 아모가 바이로차나 마하무드라 마니
파드마 즈바라 프라바릍타야 훔

옴 아모가 바이로차나 마하무드라 마니
파드마 즈바라 프라바릍타야 훔

옴 아모가 바이로차나 마하무드라 마니
파드마 즈바라 프라바릍타야 훔

옴 아모가 바이로차나 마하무드라 마니
파드마 즈바라 프라바릍타야 훔

옴 아모가 바이로차나 마하무드라 마니
파드마 즈바라 프라바릍타야 훔

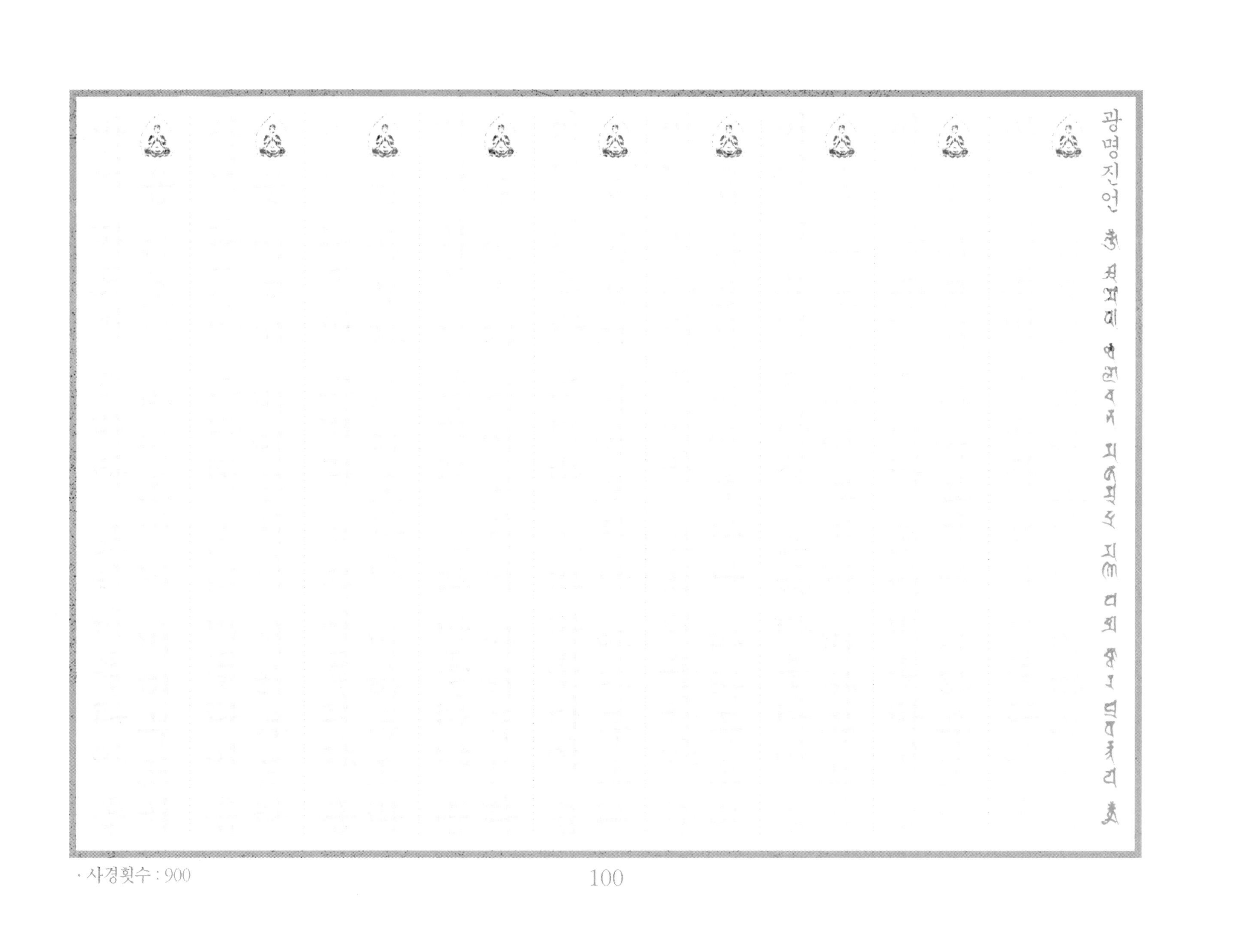

광명진언

· 사경횟수 : 900

광명진언

· 사경횟수 : 909

광명진언

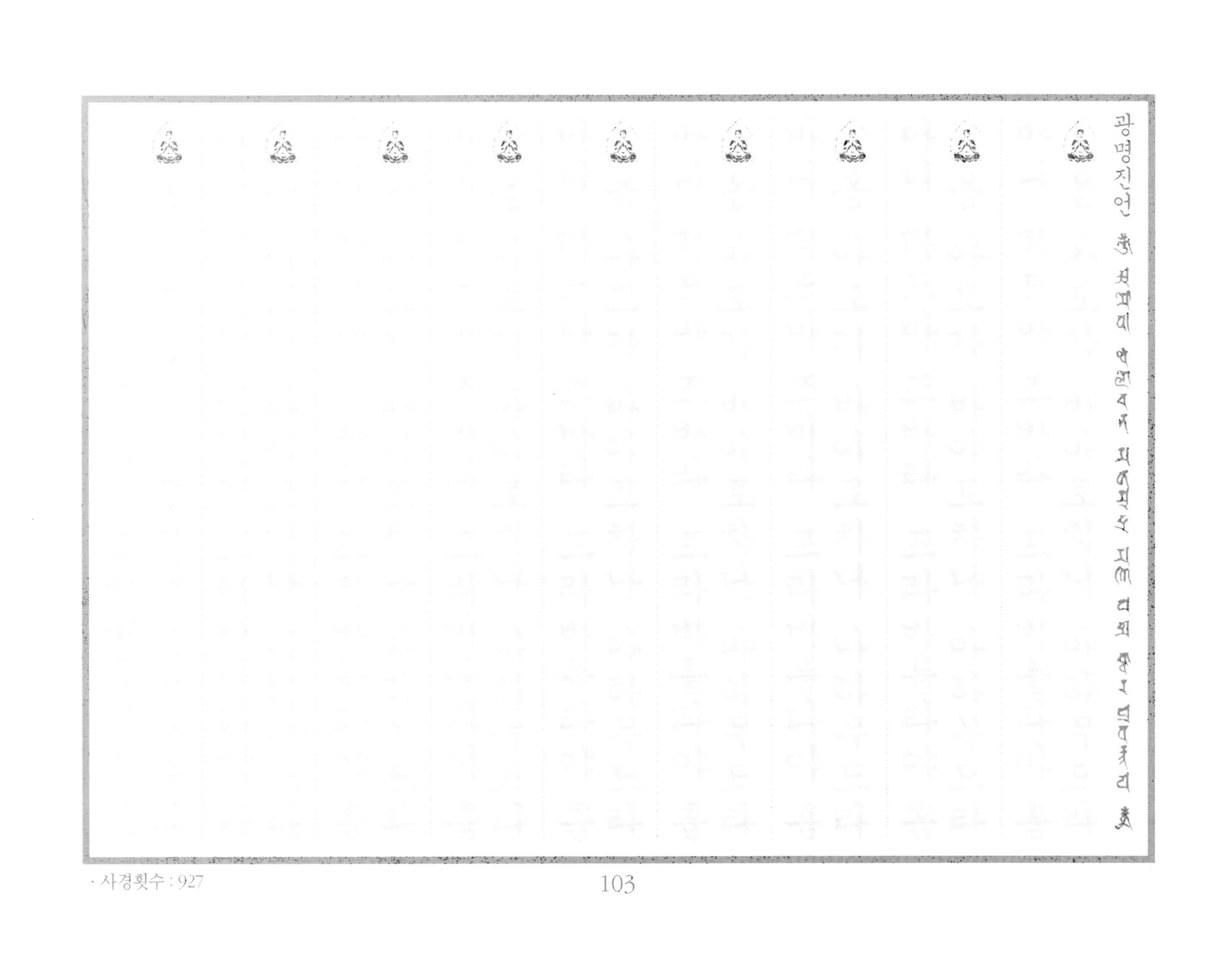

광명진언

광명진언

· 사경횟수 : 936

광명진언

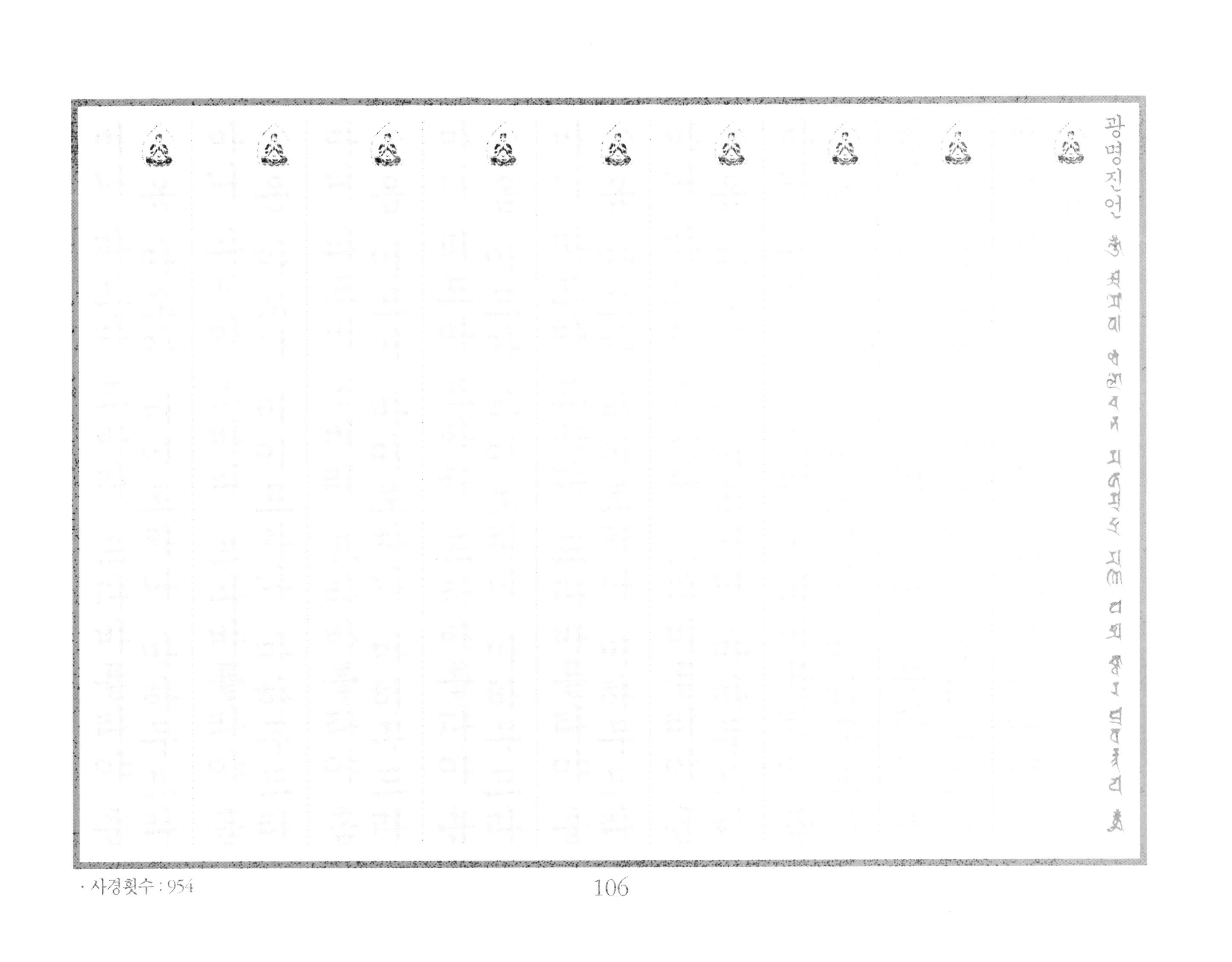

광명진언

광명진언

광명진언 𑖌𑖼 𑖀𑖦𑖺𑖑 𑖪𑖹𑖨𑖺𑖓𑖡 𑖦𑖮𑖯𑖦𑖲𑖟𑖿𑖨 𑖦𑖜𑖰𑖢𑖟𑖿𑖦 𑖕𑖿𑖪𑖩 𑖢𑖿𑖨𑖪𑖨𑖿𑖝𑖧 𑖮𑖳𑖽

· 사경횟수 : 972 (108×9)

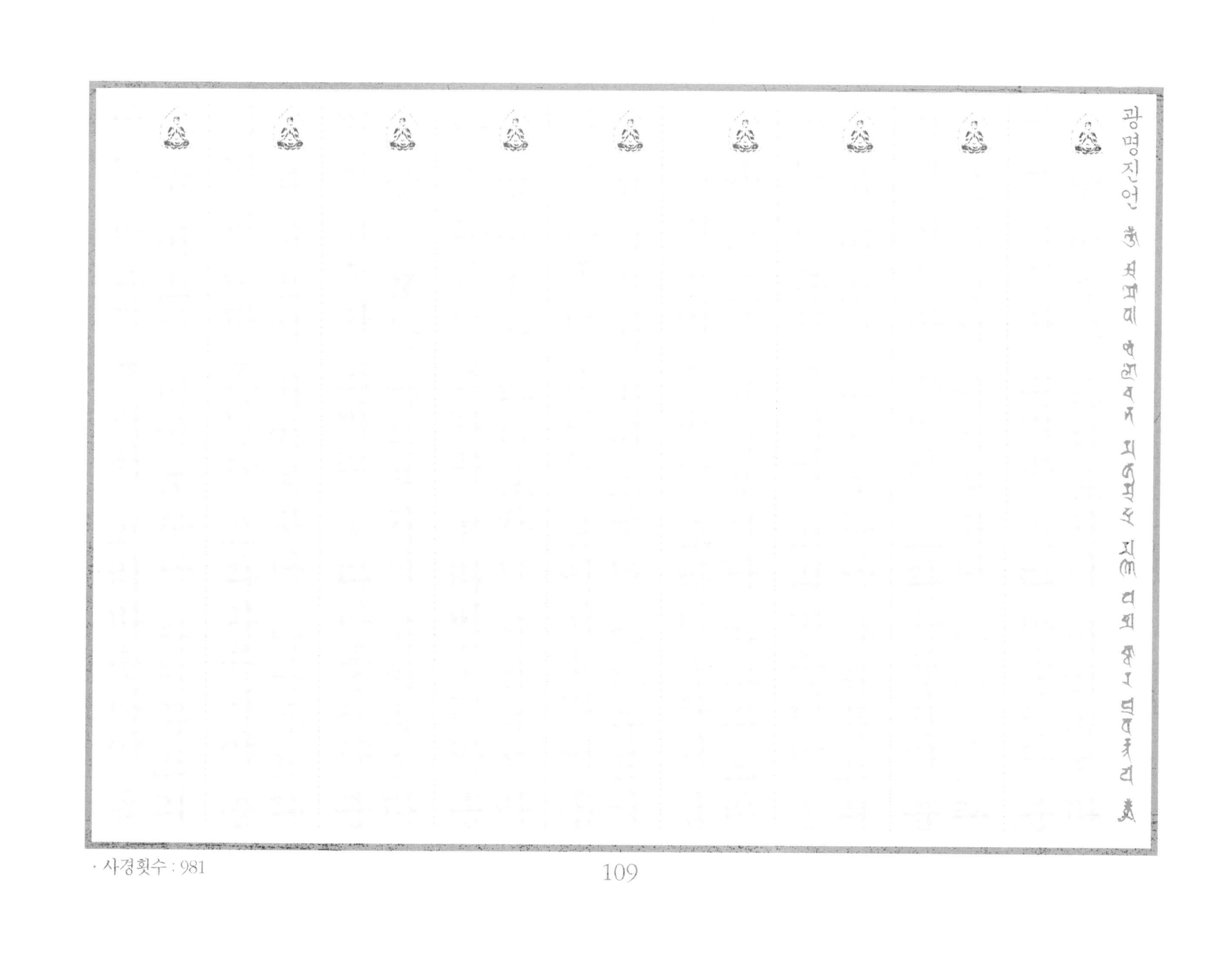

광명진언

광명진언

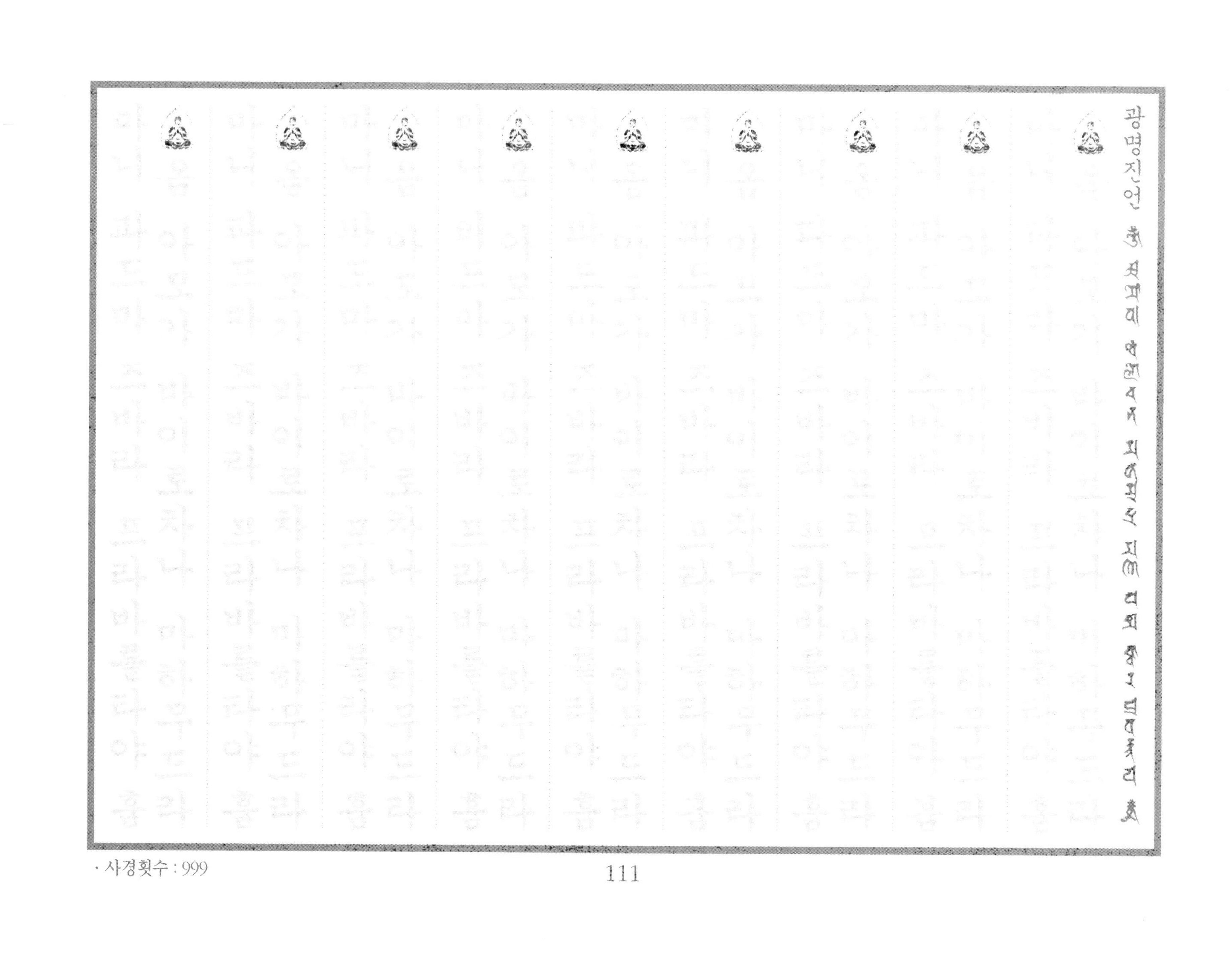

광명진언

· 사경횟수 : 999

광명진언

· 사경횟수 : 1008

광명진언

· 사경횟수 : 1017

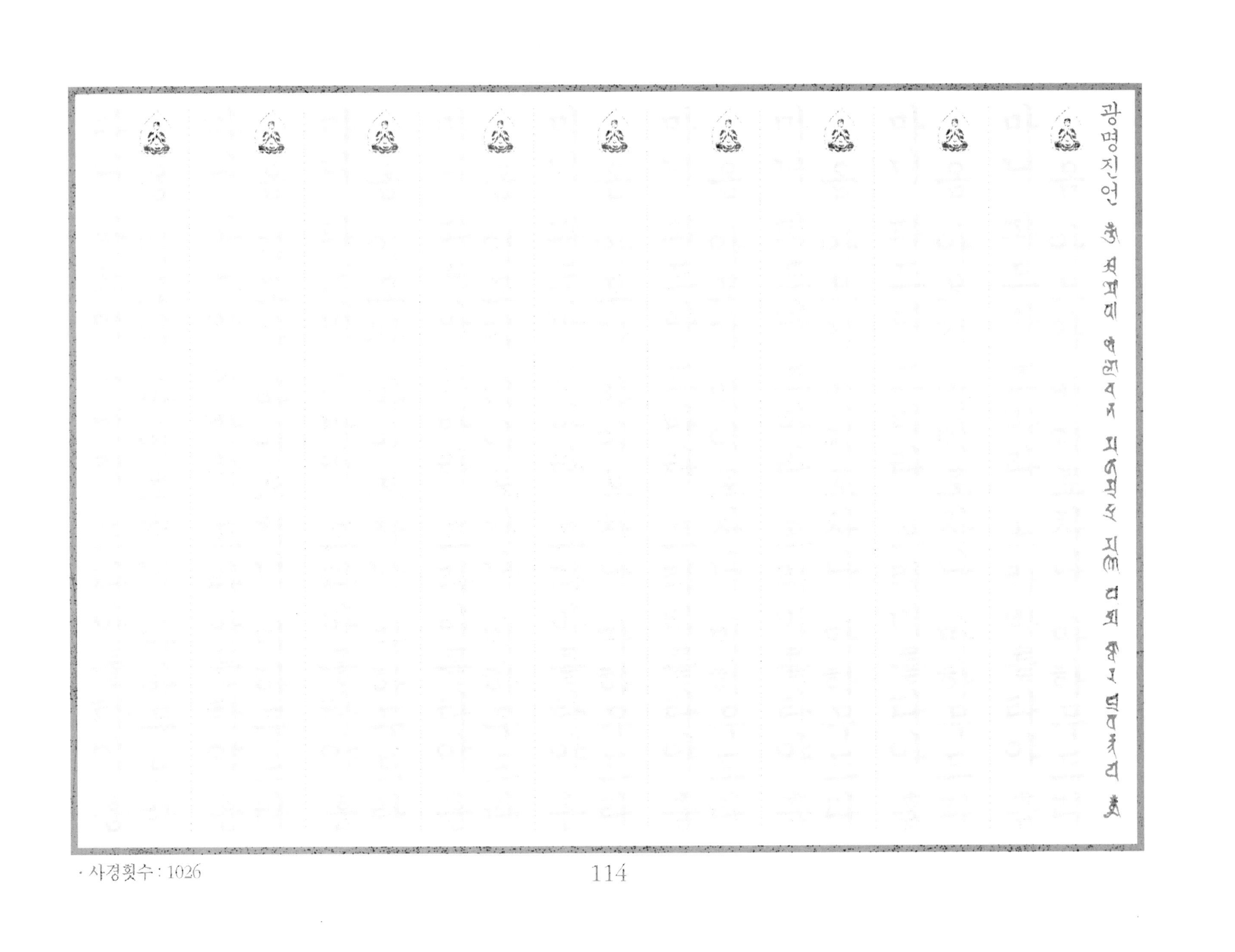

광명진언

광명진언

광명진언

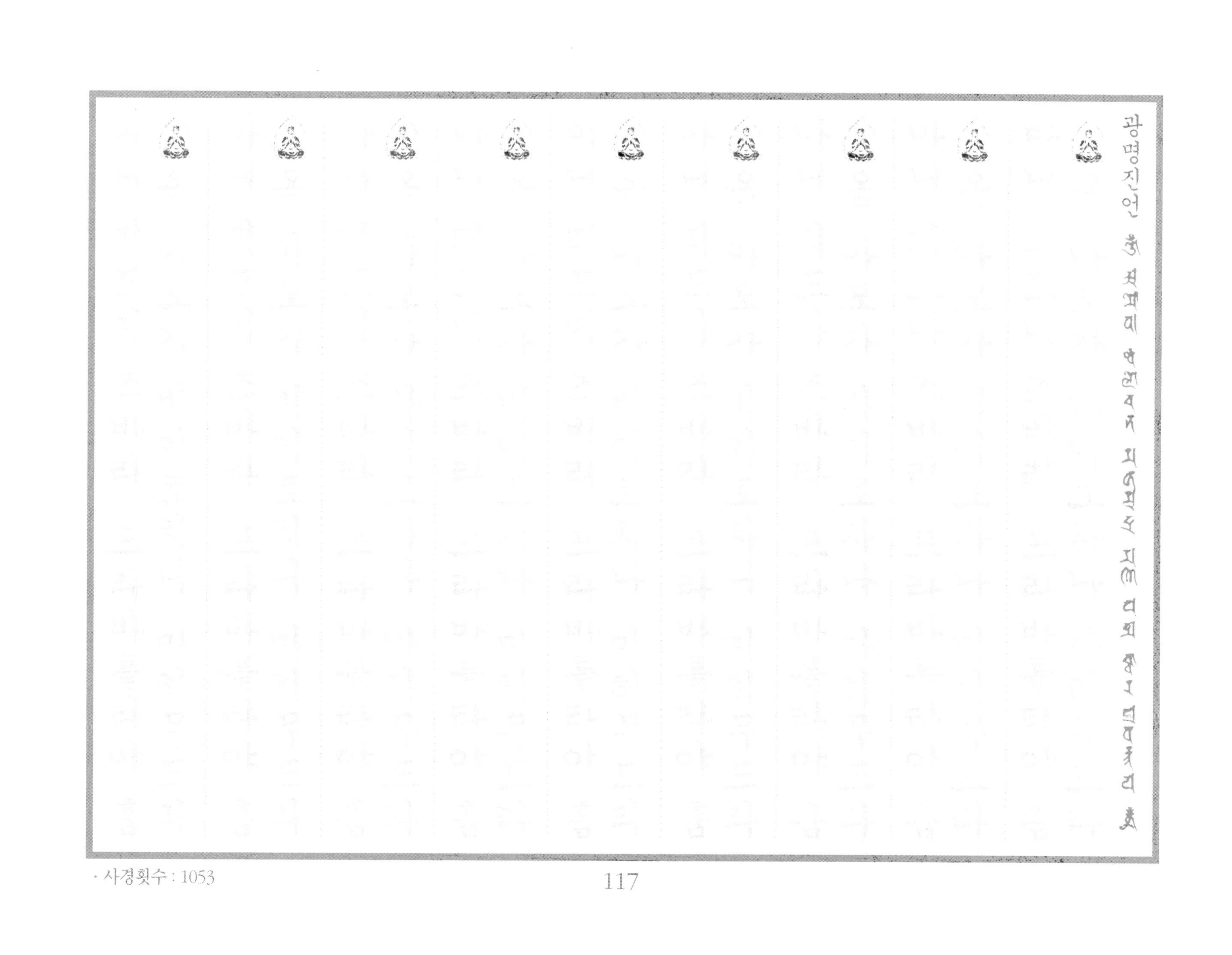

광명진언

광명진언

옴 아모가 바이로차나 마하무드라
마니 파드마 즈바라 프라바릍타야 훔

옴 아모가 바이로차나 마하무드라
마니 파드마 즈바라 프라바릍타야 훔

옴 아모가 바이로차나 마하무드라
마니 파드마 즈바라 프라바릍타야 훔

옴 아모가 바이로차나 마하무드라
마니 파드마 즈바라 프라바릍타야 훔

옴 아모가 바이로차나 마하무드라
마니 파드마 즈바라 프라바릍타야 훔

옴 아모가 바이로차나 마하무드라
마니 파드마 즈바라 프라바릍타야 훔

옴 아모가 바이로차나 마하무드라
마니 파드마 즈바라 프라바릍타야 훔

옴 아모가 바이로차나 마하무드라
마니 파드마 즈바라 프라바릍타야 훔

옴 아모가 바이로차나 마하무드라
마니 파드마 즈바라 프라바릍타야 훔

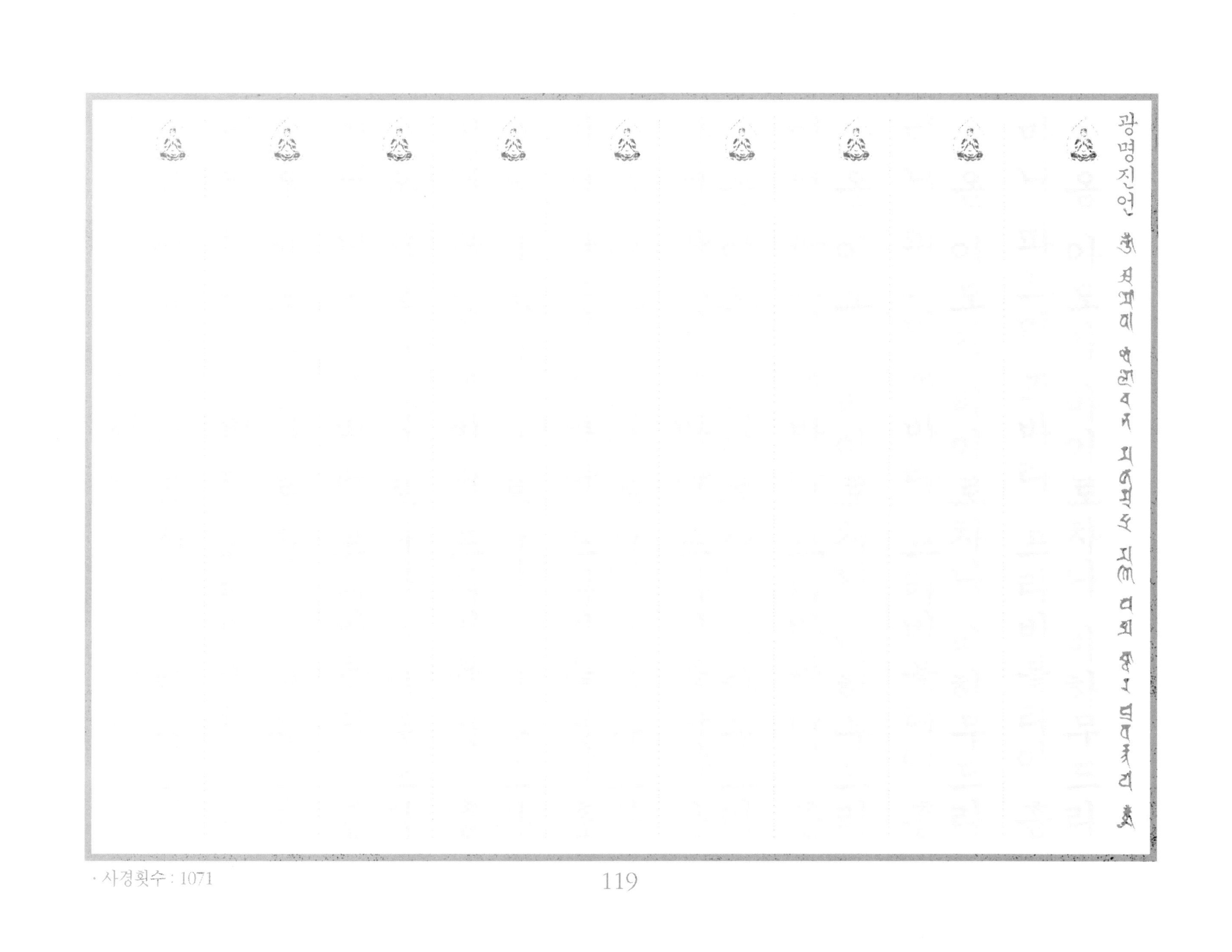

광명진언

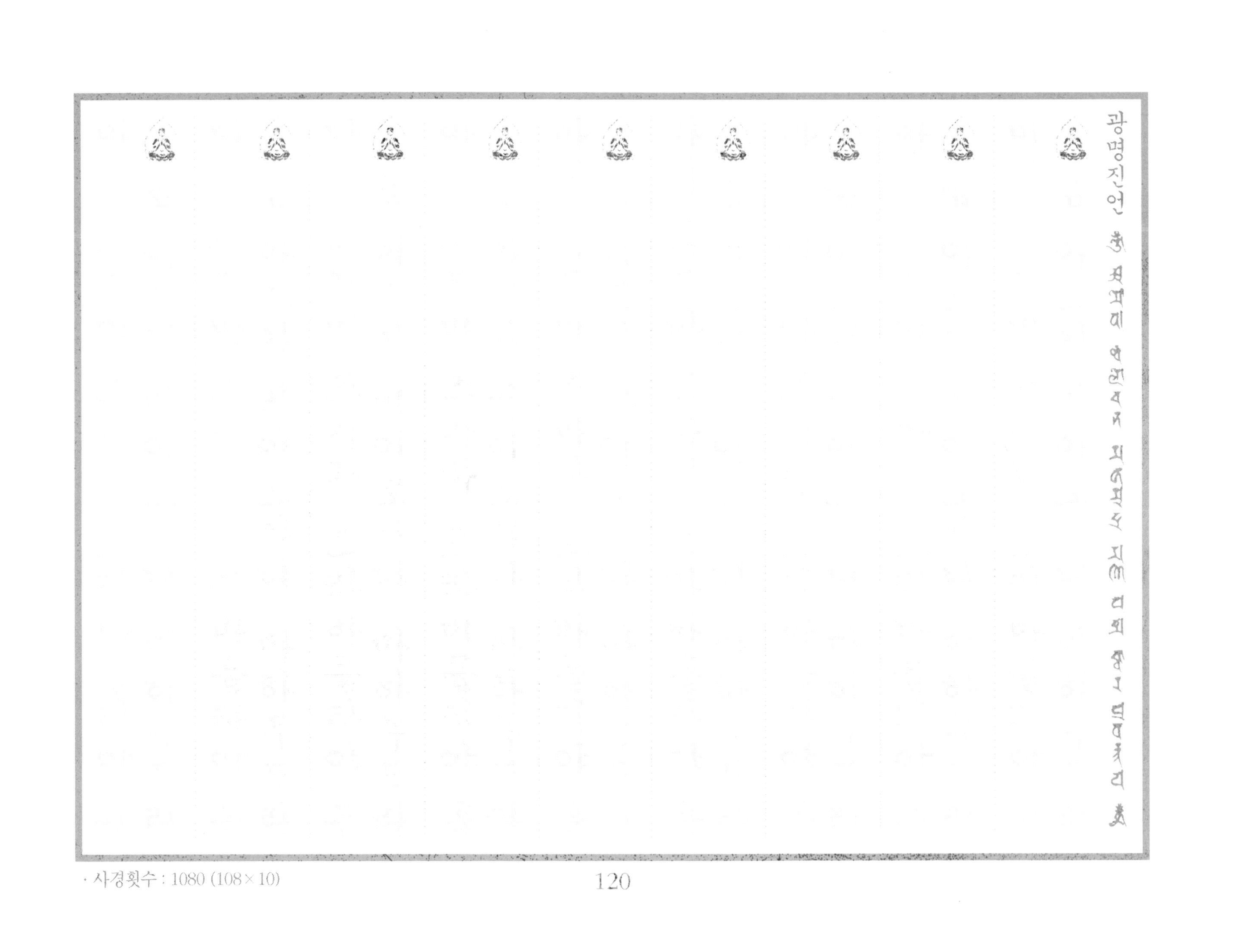

광명진언

· 사경횟수 : 1080 (108×10)

광명진언 사경(세로쓰기)

초 판 1쇄 펴낸날 2009년 2월 22일
개정판 9쇄 펴낸날 2023년 8월 31일

엮은이 김현준
펴낸이 김연수
펴낸곳 새벽숲

등록일 2009년 12월 28일 (제321-2009-000242호)
주 소 서울특별시 서초구 서초3동 1589-5 센츄리I 906호
전 화 02-582-6612, 587-6612
팩 스 02-586-9078
이메일 hyorim@nate.com

값 5,000원

ISBN 978-89-965088-4-7 03220

새벽숲은 효림출판사의 자매회사입니다(새벽숲은 曉林의 한글풀이).
잘못 만들어진 책은 바꾸어 드립니다.